KB272027

운동하면 좋은 걸 누가 모르냐고요

운동하면 좋은 걸 누가 모르나고요

하주원

내 뜻대로 안 되는
몸과 마음을 위한

정신과 의사의
실전 운동 가이드

반비

차례

누운 나, 앉은 나, 걷는 나는 각기 다른 존재다

마음대로 안 되는 마음들을 위한 운동법 2

다른 누구도 아닌 나를 위한 운동 찾기 03

운동으로 다지는 관계의 근육

4

일러두기

몇몇 표현은 표준어와 외래어 표기법을 따르는 대신 작가 특유의 말맛 혹은 관용
적 표현을 살렸습니다.

어떤 이야기를 쓰려면 남들보다 나은 경험이나 능력을 갖고 있어야 하는 것은 아닐까? 내가 운동 이야기를 하게 될 줄은 꿈에도 몰랐다. 철인 3종 경기를 한 뇌과학자, 테니스 실력으로 장학금 제안까지 받은 정신과 의사의 책도 있던데, 이 책 역시 '그래도 저자가 운동 좀 하는 사람이겠지.' 싶으셨다면 일단 사과드리고 싶다.

어릴 적 20세기 초등학교 운동회는 승패나 순위에 냉혹했다. 달리기 시합에서도 1등부터 3등까지만 손에 도장을 찍어주고 공책을 상품으로 줬다. 4등부터는 도장도 없었다. 공책보다도 도장을 받고 싶어 죽어라 뛰었으나 한 번도 못 받았다. 체력장은 늘 5급이었다. 특급이 제일 잘하는 것이고 5급이 제일 못하는 것, 맞다. 청소하다 찾은 옛 생활기록부에 멀리뛰기 기록이 120센티미터라고 남아 있는 것을 보고 큰아이가 "엄마, 제멀(제자리멀리뛰기)이 이 정도면 괜찮아."라고 위로해줬는데, 그건 도움닫기를 한 거였고 그놈의 '제멀' 기록은 93센티미터에 불과했다.

나에게도 재능이 있다. 열심히 하는 것이다. IMF 전에는 아버지가 증권사에 다니는 중산층이었고 공부학원은 안 보내도 예체능은 열심히 가르치시던 부모님이었다. 내가 발레를 배운 지 석 달쯤 되었을 때 선생님이 엄마를 불러서 통보했다. "아쉽게도 얘는 전공 못 합니다." 정작 나는 전공할 생각 같은 건 전혀 없었고 그런 말을 한 적도 없는데! 재능 없어 보이는 애가 너무 열심히 하니까, 전공을 원하는 줄 알고 선생님이 부담스러웠나보다. 6학년 때는 그때껏 두발자전거를 못 타서 혼자 버스로 여의도광장에 갔다. 탁 트인 공간이 없고 차도 많은 우리 동네는 못 타는 아이가 처음부터 연습을 하기에 위험했다. 자연스레 익힐 능력은 없었다는 말인데, 여의도광장에서 하루 내내 혼자 넘어지며 결국 탈 수 있게 되었다. 고등학교 때는 체육 실기시험 일주일 전부터 밤 10시 야간자율학습을 끝내고 연습을 한 뒤 집에 갔다. '운동

잘해놓고 못하는 척한다'며 비난할 증인은 없음을 확신하니 다행인데도 마음이 쓸쓸하다.

체력도 문제였다. 대학 시절에는 성적을 상중하로 나누면 하위권이었다. 공간지각능력이 떨어져 인체의 평면 사진을 입체로 재해석하는 데 서툰 탓도 있었겠지만, 체력 탓이 꽤 컸다. 아침 8시부터 저녁 6시까지 서다가 앉기를 반복하며 해부학 실습을 하고 나면 녹초가 되어서 더 이상 뭘 할 수가 없었다. 시험이 끝나고 나이트(요즘으로 치면 클럽)에 가는 애들이 신기했다. MT를 가도 힘들어서 잘 놀지 못하니 재미없는 20대 시절이었다.

해도 해도 안 되는 운동과 저질체력을 통해 겸손을 배웠다고 말하고 싶지만, 그건 합리화이다. 어차피 열심히 한다고 뜻대로 사는 것도 아니며, 차별, 환승이별, 성추행, 따돌림, 모함, 해고, 사고, 질병 등 좌절할 기회는 살면서 충분히 많았다. 굳이 멈춰 선 축구공에 헛발질을 하고, 뜀틀에 주저앉는 창피함을 느끼면서까지 겸손해지지는 않아도 되었다. 남들보다 노력해도 잘 안 되는 일에 무엇이 되었든 자꾸 의미를 두려 애썼지만, 사실은 그저 열받는 일이다. 잘하면 더 좋은 거다. 그런데도 운동, 꼭 해야 할까?

　　대회를 나갈 정도로 운동에 빠진 완전한 체육인과 숨쉬기 운동만 하는 나무늘보 사이에 평범한 우리가 있다. 2층도 계단으로 걷기 싫어 엘리베이터를 타는 사람, 여행지에서도 꼭 헬스장을 찾는 사람, 따로 운동을 정해 놓고 하긴 싫지만 버스 두 정거장 거리는 걷고 클럽에 가면 5시간씩 춤추는 사람. 일을 하다 보면 어쩔 수 없이 2만 보 넘게 걷는 직업이 있는 반면, 내 일처럼 종일 같은 자리에 앉아 150보도 걷지 않는 직업도 있다. 어디서부터 어디까지 운동하는 사람일까.

　　운동으로 먹고사는 사람들에 대한 이야기는 잘 모른다. 프로와 아마추어의 차이는 운동하면서 돈을 버느냐, 돈을 쓰느냐이다. 운동선수, 무용수, 체대 입시학원 선생님, 트레이너, 운동 유튜버 등 운동으로 먹고사는 프로들에게 필요한 운동의 심리학과 교육학에 대해서는 이미 좋은 책이 많다. 나는 몸과 마음의 건강을 위해 운동하고 싶거나, 정말 싫지만 이제는 하지 않으면 안 될 것 같은 위기에 처한 아마추어들과 이야기를 나누고 싶었다. 나와 내 환자들 대부분이 그런 사람들이니까. 굳이 운동을 해야만 하는 이유는 무엇일까, 그리고 어떻게 하면 더 즐겁고 더 건강하게 운동할 수 있을까? 뇌 건강에 도움이 되는 몸의 움직임을 어떻게 이끌어낼 수 있을까?

그것은 우리 마음을 어떻게 바꿀까?

다행히 우리 아마추어 어른들은 운동을 하면서 반드시 잘하겠다는 목표를 갖지 않아도 된다. 운동은 나의 건강과 휴식, 즐거움을 위한 도구이지 그 자체가 목적은 아니다. 아무리 해도 남들보다 진도가 느려서 속상할 때가 있을지언정, 체육 선생님 눈치 보는 마음으로 임할 필요는 없다. 다시 말하지만, 내가 운동에 대한 이야기를 하게 될 줄은 꿈에도 몰랐다. 당신도 언젠가 전혀 새로운 몸을 통해 뜻밖의 미래를 만날 수도 있다.

정신건강의학과 진료실의 진짜 이야기에는 민감한 개인정보가 포함되어 있다. 내 환자들을 보호하기 위해 신원과 사례는 각색을 했다. 그대로 옮기길 원하시는 경우 그 사실을 기록으로 남겨두기도 했다. 책 속의 어떤 이야기가 바로 자기 이야기라고 느껴진다면, 그것은 우리 각자의 힘듦이 비슷한 까닭일 수 있다. 제각기 다른 우리도 삶의 힘듦은 이렇게 다들 비슷하다. 운동을 하라는 의사의 조언은 더욱 식상하다. 고작 그런 말이나 들으려고 내가 진료 보러 왔느냐는 환자도 있었다. 운동이 좋은 걸 누가 모르나요? 누군가는 운동을 권하는 이 책도 누워서 펼칠 테고, 내내 누워서 읽다가 덮은 뒤 운동하지 않는 원래 생활로 돌아가는 사람들도 많을 것이다. 이

책을 앉은자리에서 끝까지 읽는 것도, 단숨에 읽는 것도 중요하지 않다. 당신이 먼저고 책은 그다음이다. 읽는 도중에 움직일 결심이 섰다면 일단 움직이자. 그리고 언젠가 내킬 때, 나머지 부분을 또 읽으면 된다.

책을 앉은자리에서 끝까지 읽는 것도, 단숨에 읽는 것도 중요하지 않다. 당신이 먼저고 책은 그다음이다. 읽는 도중에 움직일 결심이 섰다면 일단 움직이자. 그리고 언젠가 내킬 때, 나머지 부분을 또 읽으면 된다.

누운 나, 앉은 나, 걷는 나는 각기 다른 존재다

우울해서 누워 있는 걸까, 누워 있어서 우울한 걸까

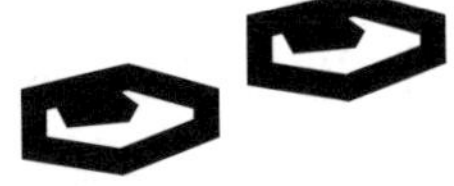

누구나 고통의 이유를 찾고 싶어한다. 지금의 고통이 미래를 위한 희생이든, 전생의 업보든 어떤 의미라도 있어야 한다. 그래야 납득할 수 있다. 무기력과 불안이 교차하는 날을 견디다가 드디어 정신건강의학과의 문을 두드린 J씨도 그랬다. 특별한 사건이 계기가 된 것은 아니었지만, 감정이 텅 비어버린 듯 고통스러운 공허함의 원인을 찾아야만 했다. 의사는 현재의 증상을 낫게 하려고 가장 좋은 약을 선택하고 생활 속 실천을 협의하는 과정에 만전을 기했다. 그러나 J씨가 왜 우울증에 빠지게 되었는지에 대해서는 관심이 없어 보였다. J씨는 생각에 빠졌다. 정신건강 서적을 읽고, 심리학 유튜브를 보고, 다른 사람의 글도 읽고, 인공지능하고도 대화를 했다.

결론이 나왔다. J씨는 강박적이고 감정기복이 심한 엄마와 늘 자기 위주로만 사는 나르시시스트 아빠 사이에서 자라며 충분한 인정을 받지 못해 불안정 애착과 애정 결핍이 되었고, 자기주장도 제대로 못 하는 성격이 되었다. 어린 시절 친구들 무리에서 멀어졌던 기억 때문에 남의 눈치를 보면서 살았다. 그래서 경계선 인격장애의 특성을 조금 가지게 되었고, 직장생활을 하면서는 소시오패스인 상사를 만나서 더욱 힘들어진 것이었다. J씨는 우울의 원인을 깨달았지만, 그 원인은 과거에 있었다. 모든 것이 완벽하지는 않아도 그럭저럭 지냈는데 더 이상 그럴 수 없었다. 원인을 찾아냈지만 J씨는 더 행복해지지 않았다. 이렇게 삶 전체가 문제인데, 내가 앞으로 나아질 수 있을까?

원인을 파헤칠수록 우리는 미궁에 빠지기도 한다. 물론 어느 정도 답을 찾으려는 노력은 중요하다. 그러나 때로는 그 과정에서 내가 지금 어디에 서 있는지 잊을 만큼 너무 멀리 가기도 한다는 점을 잊지 말아야 한다. 피곤하지도 않은데 낮에 누워 생각을 시작하면 지난날을 한없이 거슬러 올라간다. 내 삶 전체가 문제의 원인이 된다. 주변 사람들에게는 진단명을 하나씩 붙이게 된다.

J씨의 인생은 그렇게 실패일까? 완벽한 부모는 없다. 상호작용이 가장 많으니 사랑도 많이 주고 상처를 줄 기회 역시 많을 뿐이다. 성인成人이 된다고 성인聖人이 되는 것은 아니기에 부모들도 어느 정도는 감정적이다. 인간은 누구나 더 사랑받고 싶다. 언제나 자기주장을 내세우고 살면 사회생활에 문제가 생긴다. 자기나 주변 사람들을 완벽히 이해하지 못한다고 삶이 망가지는 것도 아니다. 심리학과 정신건강에 대한 수많은 정보를 통해 우리는 주변의 서운한 사람들에게 나르시시스트, 사이코패스, 히스테리, 경계선 인격장애 등의 진단명을 붙인다. 쉽게 위축되어 해야 할 말을 못 하고 실수투성이인 나 자신에게는 ADHD, 강박증, 대인공포증, 어른아이라고, 그리고 괴로운 기억에는 모두 트라우마라고 이름을 붙인다. 그렇게 전부 파헤쳤을 때, 과연 J씨의 삶이 달라졌을까?

자서전적 과거를 심하게 파헤치는 심리 과잉의 시대, 거기에는 정신건강의학과나 심리학자들의 책임도 있다. 물론 지나간 날을 돌아보고 '아, 그래서 내가 이런 사람이구나.'라고 이해하는 것은 소중한 과정이다. 무의식의 개념을 설명한 프로이트, 어린 시절의 애착이 평생에 영향을 미친다는 존 볼비 등의 가르침은 어린이를 인격체로 취급하지 않던 시절에는 꼭 필요한 위대한 발견이었다. 하지만 지금은 거기서 나온 다양한 개념에 집착하느라 간단한 문제도 복잡하게 생각하게 되었다. 때로는 우리의 단순함이야말로 꼭 필요한 미덕이다. 흐린 날 끼니를 거른 채 낮부터 누워서 돌아보는 나의 어린 시절과 맑은 날 자전거를 타고 오리 가족을 보며 돌아보는 나의 어린 시절은 굉장히 다를 수도 있다. 미래에 대해서도 마찬가지다. 논리적으로 미래를 예측하는 것은 불가능하며, 내가 바라보는 미래 역시 현재 마음의 그림자일 뿐이다. 지금 기분이 좋으면 앞으로 좋은 일이 생기리라고 예측하기도 쉽다. 내 주식이 오를 것 같고, 연인과 언제까지고 사이가 좋을 것만 같다.

기억해야 할 점은 내 삶을 나쁘게 보는 것은 지금 우울하기 때문일 수도 있다는 점이다. 뇌는 끊임없이 기억을 각색한다. 의도적인 속임수가 아니다. 그래서 더 문제다. 우울할 때 과거를 돌아보면 잘못과 실패, 억울한 일만 떠오른다. 과거의 기억과 현재의 감정이 상호작용을 하고 생각과 느낌이 엉겨붙어 눈덩이처럼 불어난다. 지금의 감정을 필터 삼아 바라본 과거가 거짓은 아니다. 그러나 온전하지는 않다. 지금까지 J씨의 삶에 열 개의 좋은 일이 있고 열 개의 나쁜 일이 있다고 해보자. 우울증을 앓는 지금이 아닌 다른 시기에 과거를 탐구했다면 기억의 구슬을 랜덤으로 집어올리듯 좋은 일과 나쁜 일이 비슷하게 떠올랐을 것이다. 그러나 우리가 멀쩡한 때는 굳이 이런 식의 자기성찰을 하지 않는다. 주로 힘들 때 원인을 찾으려고 과거를 떠올린다. 그럴 때에는 기억이 공평하게 떠오르지 않는다. 나쁜 일 구슬만 기가 막히게 잘 집어올린다. 결론이 난다. 역시 불행한 과거 때문에 현재의 나는 우울한 것이 당연하다. 주변 사람들을 탓하고 자기 자신을 피해자로 만드는 이 과정은 얼핏 논리적인 것처럼 보인다. 잊지 말자. 현재가 과거를 선택한다. 짜증, 불안, 화, 설움, 무기력이 힘을 합쳐 안 좋은 기억을 소환하는 것이다. 나아가 현재가 과거를 만들기도 한다. 신발장 안의 갖가지 신발처럼 우리의 기억은 각자의 자리에 그대로 있다. 문제는 오늘 우리가 어떤 신발을 꺼내 신느냐이다.

깊은 생각은 반드시 좋은 것일까? 대한민국의 교육 과정은 논리적 사고를 중시하여 이를 훈련시킨다. 하지만 인간은 아주 잠깐, 그것도 고도로 집중해야만 간신히 연역적 사고를 할 수 있는 존재다. 우리는 결코 감정에서 자유로워질 수 없다. 논리는 감정의 영향을 받고, 감정은 몸의 영향을 받는다. 마음과 몸은 늘 함께 간다. 몸이 없는 마음은 없다. 지금의 기분을 결정하는 중요한 원인은 무엇보다 어제 잠을 얼마나 잘 잤는지, 생리주기 중 어느 시기인지, 지금 배가 고픈지 부른지와 같은 내 몸의 요소일 수도 있다. 방이 깨끗한지 어질러져 있는지, 머리를 감은 지 몇 시간 되었는지, 너무 덥거나 춥지는 않은지, 어떤 소음이 들리는지와 같은 환경에도 영향을 받는다. 나의 과거뿐 아니라 현재 몸의 상태, 그리고 몸의 감각에 영향을 주는 환경적 요인까지 모든 것이 기분에 영향을 미친다.

마음은 몸속에 들어 있다. 몸이 있어서 마음이 존재한다. 맛있는 음식을 나누어 먹으며 어색한 사람들과 친해지고, 좋은 향기로 상대방의 인상이 바뀐다. 머릿속에서 잊은 기억도 우리 몸에 새겨져 있다. 몸은 뇌의 명령을 따르기만 하는 존재가 아니고, 사실은 반대일 때가 많다. 그래서 몸을 돌봐야 한다. 무엇을 생각하고 어떻게 느낄지를 결정하기 위해 몸을 움직여보는 것이다. 많은 환자들이 우울해서 하루 종일 누워 지낸다. 하지만 누워 있어서 하루 종일 우울한 것일 수도 있다. 이런 하루하루가 쌓이면 무엇이 원인이고 무엇이 결과인지 헷갈리는 것은 당연하다.

몸과 마음은 서로 신호를 주고받는다. 둘 중 무엇이 먼저냐를 더 이상 따지지 말자. 운동, 좋은 사람들과의 교류, 맛있고 건강한 음식은 대부분 몸과 마음 양쪽에 다 이롭고, 스트레스, 과음, 흡연, 폭식 등 몸에 해로운 것은 마음에도 똑같이 해롭다. 아무리 내가 정신건강의학과 전문의여도, 굳이 따지자면 몸의 건강이 먼저다. 마음이 건강해진다고 몸이 반드시 건강해지는 것은 아니다. 몸을 움직여 건강하게 만들어 마음도 강해지는 쪽이 그나마 쉽다. 가슴이 답답하고 숨이 막히고 두근거리는 증상으로 자주 응급실을 찾는 사람이 있다면 공황장애가 거의 확실하더라도 정신적인 문제부터 치료할 수는 없다. 진짜로 심장질환이 아님을 확인한 후 공황발작과 예기불안에 대한 진단과 치료를 시작하는 게 좋다. 요즘 마음건강에 많이들 관심을 갖게 된 것은 당연히 반가운 일이지만, 정신건강에 몰두하다가 몸을 소홀히 하지는 않기를.

행동이 쌓여 뇌가 바뀐다

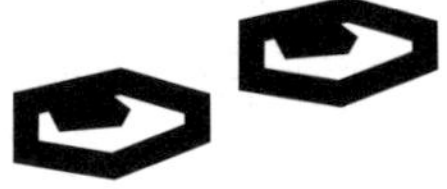

몇 년 전만 해도 인공지능의 도움을 반칙처럼 여겼으나, 이제는 인공지능을 잘 활용하는 것이 중요한 능력이다. 인공지능은 자기의 한계를 극복하며 빠르게 빈틈을 메우는 중이다. 이건 못 하겠지 싶었던 예술 영역도 진출하고, 학습을 통해 유머 감각도 탑재했다. 하지만 우리처럼 몸이 있어야만 존재하는 인공지능이 나타나려면 꽤 오랜 시간이 걸릴 것이다.

머리만 쓰는 일보다는 몸을 함께 쓰는 일의 전망이 좋고 몸의 존재 자체가 강점이 되는 시대에, 과연 우리는 스스로의 몸을 잘 알고, 또 잘 쓰고 있을까? 우리 몸이나 건강에 대한 지식과 정보는 넘쳐난다. 하지만 이 와중에도 잘 알려지지 않은 개념이 있다. 바로 내부감각과 고유감각이다. 흔히 알고 있는 시각, 청각, 촉각, 미각, 후각만큼 중요하지만 익숙지 않을 것이다. 낯선 용어에 대한 설명이 지루할 수도 있지만, 운동의 중요성을 이해하기 위한 핵심이니 조금만 참아보자.

내부감각

누구나 중요한 발표를 앞두고 심장이 미친 듯이 뛰거나, 좋아하는 사람 앞에만 서면 얼굴이 화끈거렸던 적이 있을 것이다. 또는 어떤 장소나 상황을 맞닥뜨리면 속이 더부룩하고 불편했던 적도 있을 것이다. 우리 몸 안에는 이런 신호들을 뇌에 전달해주는 아주 예민한 소식통이 있다. 바로 내부감각interoception이다. 내부감각은 자율신경을 통해 생명의 유지에 필요한 소식을 끊임없이 전해준다. 그 소식이란 "지금 배고파요!", "목마릅니다, 물이 필요해요!", "이제 그만 쉬어야 해요!" 같은 몸의 신호다. 즉 내부감각은 쉽게 말해, 귀가 소리를 듣고 혀가 맛을 보듯이, 심장, 폐, 위장 같은 우리 장기들이 '지금 내 상태가 이렇다'는 정보를 뇌에 전달하는 감각이다. 이것은 무엇에 닿았다고 느끼는 촉각과도 성질이 다르다. 평소에는 일일이 의식하지 못하고 늘 겪는 감각이기에 마치 없어도 상관없는 것처럼 착각하기 쉽다.

이 소식통이 흥미로운 이유는, 우리 마음의 소식까지 은밀하게 전해주기 때문이다. 이제까지 그냥 친구라고 생각했는데 만날 때마다 심장이 쿵 내려앉는 신호를 느낀다면 내부감각은 "이거 혹시 사랑 아닐까요?" 하고 뇌에 질문을 던진다. 직장에서 유독 특정 업무를 맡았을 때 배가 살살 아파온다면 "다른 일보다 이 일이 훨씬 더 스트레스인 것 같아요!"라고 솔직하게 보고하는 식이다.

청력의 경우 소리에 둔한 사람이 있고 민감한 사람이 있듯이, 내부감각의 성능 역시 사람마다 조금씩 다르다. 어떤 사람은 이 내부감각의 목소리가 너무 커서 가만히 있어도 자기 심장 소리가 너무 크게 들리거나 몸의 작은 변화에도 깜짝깜짝 놀란다. 커피 한 잔에 빨라진 심장박동을 곧 쓰러질 것 같은 불안으로 오해하기도 한다. 반대로 어떤 사람은 이 소식통의 목소리가 너무 작아서 몸이 보내는 신호를 잘 알아차리지 못한다. "그만 쉬어!"라는 절박한 몸의 외침을 계속 무시하다가 결국 번아웃으로 쓰러지고 나서야 사태를 파악한다.

몸이 보내는 중요한 신호에 귀를 기울이는 것, 때로는

지나치게 신경 쓰지 않는 것이 내부감각과 잘 지내는 첫 걸음이다. 그리고 이 내부감각은 운동이라는 훈련을 통해 더 나아질 수 있다. 앞으로 이야기할 운동은 단순히 근육을 키우거나 체중을 줄이기 위한 행위가 아니다. 오히려 내 안의 소식통과 다시 친해지는 과정에 더 가깝다. 운동을 하면서 내 심장박동이 빨라지는 것을 의식적으로 느끼고, 근육의 미세한 떨림에 집중하고, 가빠진 호흡을 가다듬는 활동이 내부감각의 목소리를 적절한 크기로 조율하고, 그 신호를 정확하게 해석하는 법을 다시 배우는 훌륭한 훈련이 된다.

고유감각

고유감각proprioception은 우리 몸이 자신을 느끼는 감각으로, 쉽게 말해 "내가 바로 여기에 있다!"라는 목소리이다. 고유수용감각, 운동감각 또는 신체인식감각이라고도 부른다. 이 감각을 맡는 기관은 주로 근육과 힘줄, 관절인데, 근육이 수축 또는 이완할 때 만들어지는 정보를 통해 자신의 전체 또는 일부가 어디에 어떻게 존재하는지, 어떤 강도의 힘으로 어떻게 움직이고 있는지 알 수 있다. 고유감각이 있어서 우리는 스스로 팔을 들고 있는지, 다리를 꼬고 있는지 알 수 있는 것이다.

아직 고유감각이라는 개념이 낯설다면, 지금 눈을 감고 코를 만져보자. 앞이 안 보여도, 코끝이 딱히 아프거나 간지럽지 않아도 손가락으로 정확히 터치할 수 있다. 그간 너무 당연하게 생각했겠지만 고유감각 없이는 이게 안 된다. 계단을 오르내릴 때도 마찬가지다. 매번 발밑을 쳐다보지 않아도 계단 높이에 맞게 다리가 움직일 수 있는 건 내 몸의 위치와 움직임을 실시간으로 느끼는 고유감각 덕분이다. 책상 위 펜을 집을 때 손을 뻗는 나 자신을 느낀다. 펜을 잡으려면 얼마나 힘을 줄지 안다. 이런 고유감각 없이는 매 순간 적절한 자세를 유지하거나 움직임을 조절하기 어렵다. 그래서 술에 취해 일시적으로 고유감각이 고장나면 비틀거리고 물건을 떨어뜨린다. 고유감각은 우리 몸의 여러 가지 감각 중에 그나마 통제권이 있는 편이다. 귀를 아무리 막아도 어떤 소리들은 들려온다는 사실로 알 수 있듯이 청각은 전적으로 통제하기 어렵지만, 누워 있을지 달릴지 결정하는 것은 우리 자신이다.

내부감각과 고유감각을 중요하게 설명한 까닭은 이

두 감각이 몸에서 뇌로 가는 신호를 조절하기 때문이다. 뇌가 명령하고 몸이 움직이는 흐름이 공식처럼 당연할까? 뇌는 저 혼자 판단하는 상위 기관이고 몸은 그 명령을 따르기만 할까? 대부분의 경우 우리가 아는 대로 뇌의 신호를 받아 몸이 움직인다top-down signal. 그러나 몸은 뇌의 명령을 따르기만 하지 않는다. 몸이 느끼는 감각을 통해 뇌에서 감정이 형성되고, 이를 통해 생각이 바뀌기도 한다. '판단 그다음 감정, 그다음 행동'의 순서가 늘 맞는 것은 아니다. 뇌가 몸의 신호를 알아채서 반응하는 상향식의 신호bottom-up signal 역시 중요하다. 안토니오 다마지오의 『느낌의 진화』(아르테, 2019)에 따르면 감정은 신체 상태와 뇌의 상호작용이다. 감정이 단지 뇌 안에서 생기는 것이 아니라 몸이 보내는 신호로부터 시작된다는 것이다. 몸은 감정의 고향이다. 그러니 인공지능에게 몸이 없다는 것은 사람과 같은 감정이 없다는 의미다. 인공지능과 사람의 근본적인 차이는 몸에 있다.

고유감각과 내부감각에 대한 이해가 쉬운 문제는 아니다. 전혀 몰라도 사는 데 지장이 없지만, 이해한다면 근육과 힘줄과 관절을 통해 감정을 조절하는 원리를 잘 알 수 있다. 누워서 하루 종일 숏폼 영상을 보는 상황을 떠올려보자. 계속 누워 있으면 뇌는 수면 모드인 느린 뇌

파를 뿜어낸다. 이 상태가 길어지면 뇌의 각성도가 떨어져, 없던 우울감과 무기력도 생겨나게 된다. 앉거나 활동을 시작하기 더 어려워진다. 운동에서 시작이 무엇보다 어려운 이유이다. 내가 해오던 편한 자세의 고유감각이 익숙하기 때문이다. 반대로 운동을 계속하던 사람들이 더욱 꾸준히 하게 되는 까닭도 마찬가지다. 사람은 하던 대로 하기가 쉽다. 그래서 시작이 어렵다.

운동을 하겠다고 결심하는 순간은 대단하지 않다. 결심이라는 것은 머릿속에서 일어나는 일이기 때문이다. 다짐조차 하지 않는 것보다는 낫지만 때로는 물에 글씨를 쓰는 것처럼 아무런 결과를 낳지 않을 수 있다. 당신이 대단한 순간은 그다음 단계이다. 하루 종일 누워 있다가 일어나는 그 순간, 냉장고에서 먹을 것만 꺼내 먹고 다시 누우려다가 한 번 참고 걸으러 나가는 그 순간이다. 행동을 시작하는 바로 그 순간, 우리의 고유감각과 내부 감각이 깨어난다.

의과대학 시절 신경외과 교수님이 사실상 뇌는 이렇게 생겼다고 그렸다. 뇌를 감싸고 각종 신경전달물질의 이

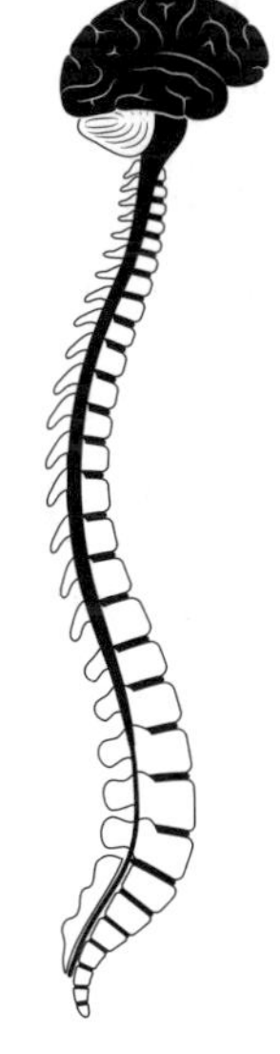

동을 돕는 뇌척수액의 순환 경로가 동그란 머리뼈 안쪽에서 끝나지 않고 목, 등, 꼬리뼈까지 이어지기 때문에 척추도 결국 뇌의 일부라는 것이다. 그래서 척추의 상태는 뇌 건강에 중요하다. 척추가 단단해야 기분 조절을 잘할 수 있고 집중력도 향상된다. 구부정한 자세는 호흡을 짧게 만들기에 스트레스도 더 쌓인다.(문요한, 『이제 몸을 챙깁니다』, 해냄, 2019) 등근육을 단련시키기 위해 랫풀다운 머신을 따로 해야 한다는 의미가 아니다. 어떻게든 몸을 일으키고 앉거나 서면서 시작이다. 누워서 허리와 골반을 들어올리는 브리지 동작만 해도 도움이 된다. 내가 할 수 있는 방법으로 하면 된다.

누군가의 말과 행동이 일치하지 않을 때는 행동을 믿으면 된다. 내가 어떤 상태인지 헷갈린다면 내 행동을 통해 나를 보면 된다. 만약 나 자신이 마음에 안 든다면 잠깐만 걷거나 하다못해 누워 있던 몸을 일으켜 앉는 행동을 통해서도 조금은 바뀔 수 있다. 그 순간 힘줄의 고유감각이 뇌를 변화시킨다. 나라는 존재는 왜 사는지 몇 날 며칠 고민해서 득도했을 때에만 바뀌는 것이 아니다. 누운 나, 앉은 나, 걷는 나는 같지만 다른 존재다. 뇌만 몸을 통제하는 것이 아니라 몸도 뇌를 통제한다. 뇌가 부모라면 몸은 자식과 같다. 부모 말대로 자식이 움직일 것 같지만, 실제로는 자식 이기는 부모는 거의 없다. 행동이 쌓여서 뇌가 바뀐다.

같지만, 실제로는 자식 이기는 부모는 거의 없다. 행동이 쌓여서 뇌가 바뀐다.

운동은 적립되고,
몸은 쓸수록 강해진다

아마추어들의 운동 목표는 운동장 바깥에 있다. 내가 폴댄스에서 꼭 해내고 싶은 기술인 아이샤나 자네이로는 일상생활에 그다지 필요가 없다. 폴을 타는 사람 외에는 뭔지도 모르고 관심도 없다. 그 대신 폴댄스 덕분에 일상생활에서는 많은 기술이 가능해졌다. 운동을 시작하기 전에는 3층 높이만 올라가려고 해도 엘리베이터를 하염없이 기다렸는데 지금은 급하면 8층 정도는 그냥 계단으로 걸어 올라갈 수 있다. 이 기술의 변형 동작으로는 '합정역 에스컬레이터 앞에 사람이 밀려 있으면 계단으로 더 빠르게 가기'가 있다. 피클병이나 잼병 뚜껑도 처음 열 때마다 남에게 부탁했는데 이제는 그럴 필요가 없다. 10

킬로미터를 완주하지 못해도, 축구에서 골 한 번 못 넣어도, 이를 위해 노력하던 순간들 덕분에 그 바깥의 삶이 달라진다. 밤새 눈이 쌓이듯 조용히 조금씩 적립되기 때문에 그 변화를 당장 알아차리기 어려울 뿐이다.

물론 바깥의 삶이 달라진들 운동에서 집착을 버리기는 어렵다. 나 역시 그랬다. 폴댄스에서는 에어인버트라는 기술이 가능해야 중급반을 수강할 수 있다. 굳이 연습하지 않아도 서너 달 만에 되는 사람도 있지만, 중년에 폴댄스를 시작한 나는 그 기술만을 위해 따로 5주간 주 5, 6일 연습한 뒤에야 어설프게나마 할 줄 알게 되었다. 그런데 단 사흘 쉬었더니 그전보다 잘 안 되는 순간을 경험하면서 얼마나 억울했는지 모른다. 아니, 이렇게 금세 못할 건데 연습은 해서 뭐 하나. 폴댄스 자체를 더는 하기 싫었다. 하지만 그런 경험이 반복되는 사이 에어인버트를 성공하는 확률이 늘었고, 몸은 그 감각을 기억했다. 이제는 보름쯤 쉬어도 다시 할 수 있다.

인간은 지우고 싶은 과거를 잊지 못해 힘들 때가 많은데, 몸도 과거를 잘 잊지 못한다는 사실은 다행일 때도 많다. 몸의 경험을 통해 비언어적 형태로 저장되는 절차기억은 생각보다 오래간다. 말이나 글로 저장되는 서술기억 능력은 25세부터 퇴화되지만, 몸의 기억인 절차

기억은 60~70세가 되어서야 비로소 퇴화되기 시작한다. 자전거를 완벽하게 탔던 사람은 10년 만에 안장에 올라도 다시 탈 수 있다. 하지만 자전거에 올라타 제대로 출발하지 못하고 넘어지는 단계에서 그친 사람은 계속 자전거가 두렵다. 운동을 통해 즐거움과 성취를 경험해본 사람은 다시 시작하기 쉽다. 해본 사람이 다시 잘해낸다. 오늘 하는 운동은 몸의 기억을 통해 적립되어 우리의 미래를 만든다.

평소 운동을 해놨어도 아예 움직이지 않으면 12주 만에 폐활량이나 근육량이 운동 전의 상태로 돌아간다는 연구 결과가 있다. 이런 연구를 접하면 허무함이 느껴질 수도 있다. 그럼 평생 석 달도 쉬지 말고 운동을 계속해야 한다니 너무한 것 아닌가? 운동할 시간에 일이든 투자를 더 해서 돈을 모아놓으면 이자라도 붙고, 쓰지 않고 묵혀둔 돈이 석 달 지난다고 없어지지는 않을 테니. 그런데 운동을 안 하면 몸이 원상복귀된다는 연구는 주로 일상적인 움직임도 없이 중환자실에서 꼼짝없이 누워 지내는 경우에 해당하는 이야기다. 야근하느라 바빠서 열흘 동안 운동을 못 했다고 이제까지의 노력이 다 소용없다는 의미는 아니다. 평소에 적립해둔 운동 경험이 그렇게 쉽게 사라지지는 않으니 잠깐 쉬게 되었다고 아까워할 필요도, 하루도 멈추지 말고 지속해야 한다는 강박을 가질 필요도 없다.

운동으로 적립해둔 근육과 체력, 폐활량은 어려울 때 꺼내 쓸 수 있는 자산이 된다. 특히 몸이 아플 때는 회복 속도뿐 아니라 과정에도 영향을 미친다. 감기는 약을 먹지 않아도 결국 낫는데, 바이러스를 죽이지도 못하는 진통제, 해열제, 진해거담제를 왜 복용할까? 회복하는 과정을 덜 힘들게, 편안하게 하기 위해서이다. 운동도 마찬가지다. 미리 해두면 회복하는 기간의 어려움이 덜하다. 몸이나 마음이 아파 움직이지 못하게 되면 누구나 근손실을 겪지만, 근육이 충분했던 사람과 그렇지 않은 사람은 그 영향이 다르다. 금융위기나 재난에서 가난한 사람들이 더 힘들어지는 현실과 마찬가지다. 근육 부자는 병으로 침상 생활을 하게 되더라도 회복이 빠르며, 암과 같은 중병에 걸려도 치료 과정에서 삶의 질이 훨씬 더 좋다. 근육은 단백질 저장고 역할과 조직 재생에 필요한 아미노산 공급을 담당하므로 특히 나이가 들수록 몸의 회복에 중요하다. 기저질환이 있는 환자에게 더 큰 문제가 된다고 뉴스에서도 난리였던 코로나를 봐도 그렇다. 증상이 심해 입원한 환자들 중 악력이 강한 사람들은 입원 기간이 40퍼센트 더 짧았다. 근육량이 1킬로그램 늘어날 때마다 사망 위험은 11퍼센트 줄어들었다.

이렇게 운동은 적립되고, 몸은 쓸수록 강해진다. 도대체 어떻게 하지 싶었던 것도 어느 순간 쉬워진다. 똑같이 1킬로미터를 뛰어도 5킬로미터를 뛰어본 사람이 다시 뛰는 것이 훨씬 쉽다. 몸이 기억하기 때문이다. 평상시 미리 운동을 해놓으면 몸과 마음의 위기 상황에서 쓸 수 있다. 운동으로만 우울증이 치료되지는 않지만, 운동을 해두면 다시 우울의 그림자가 찾아오는 것은 막을 수 있다. 불행을 겪고 싶은 사람은 아무도 없다. 그러나 해결하기 어려운 문제에 부딪혔을 때, 평소 저축해둔 몸의 근육은 마음의 면역력에 도움이 될 것이다.

운동을 하면 정말 병에 안 걸릴까?

운동을 해도 병에 걸릴 수 있다. 운동이 심혈관 질환이나 당뇨 등 많은 질병을 예방한다고 한들, 모든 경우를 막을 순 없다. 안타깝게도 많은 병은 실체를 드러내기 전 긴 잠복기를 거친다. 증상은 맨 마지막 결과일 뿐, 몸의 변화는 그보다 훨씬 오래전부터 시작된다. 암을 예로 들어 보자. 정상 세포가 발암 물질에 노출되어 암세포로 변하기까지 약 10년, 이 암세포가 발견 가능한 크기로 자라기까지는 또 5~10년이 걸린다. 즉 암의 잠복기는 15~20년으로 굉장히 긴 셈이다. 당뇨도 마찬가지. 인슐린 저항성이 높아진 당뇨 전 단계를 3~6년 이상 거친다. 갑자기 생기는 병은 거의 없다. 우리는 병의 진단과 동시에 충격을 받지만, 몸은 오랫동안 준비해왔다. 즉 10년 후 얼마나 건강한 생활을 할지는 지금 내가 어떻게 사느냐에 의해 꽤 많은 부분이 결정되고 있는 중이다. 지금 무엇을 먹는지, 어떤 공기를 들이마시는지, 누구와 어떤 대화를 나누는지, 그리고 운동을 하는지에 따라서 말이다.

어떤 병이든 유전자가 중요한 요인이지만, 유전자와 질병의 관계에 대해 우리는 아직 모르는 부분이 많다. 특히 정신건강의학과의 경우는 가족력을 파악하기 어렵다. 화를 쉽게 내고 주변을 온통 불평하면서 술에 빠져 사는데 정신과 치료 한번 안 받은 가족이 있다면? 단지 진단받은 적 없다고 우울증 유전자와 무관하다고 말할 수 있을까? 반대로 가족 전부가 메타 인지가 뛰어나서 빨리 병원을 찾은 사람들이라면? 치명적인 암유전자가 있는데 감염병이나 교통사고로 암 발견 전에 세상을 떠날 수도 있고, 병명을 모른 채 돌아가시는 분들도 많다. 유전자가 중요하지만 그 지도는 불완전하므로 방심할 것도 절망할 것도 없다. 다만 가족력은 참고하는 게 좋다. 예를 들어 아버지는 58세에 위암, 할아버지는 88세에 심근경색으로 돌아가신 경우를 보자. 유전적 지분이 아버지는 1/2, 할아버지는 1/4로 차이가 나지만, 꼭 그래서라기보다 가족에게 있는 질병을 더 조심해서 나쁠 건 없다는 마음으로 정기검진은 꼭 챙기는 것을 권한다.

세상에는 유전자 말고도 내 의지로 어쩌지 못하는 것이 너무 많다. 온난화, 미세먼지, 싫은 사람, 스트레스…… 이 전부를 피하기는 불가능하다. 인간이 어떤 병에 왜 걸리는지 원인을 찾으려는 수많은 노력이 있지만, 사실 의지로 바꿀 수 있는 요소는 극히 적다. 금주, 금연도 좋은 것을 하는 게 아니라 나쁜 것을 피하는 소극적 행위다. 식이 조절? 저탄고지, 앳킨스 다이어트, 채식 모두 변수가 많아 체계적인 연구조차 어렵다. 어떤 병에 걸리느냐 마느냐를 결정하는 요인 중 많은 부분이 아직 제대로 밝혀지지 않았다. 운동은 그나마 세상만사 중에 내가 직접 통제하고 노력으로 무언가를 바꿀 여지가 있는 가장 확실한 능동적 행위다.

운동을 하다 보면 통증에 무뎌져서 병을 늦게 발견하는 건 아닐까 걱정하는 사람도 있다. 천만의 말씀이다. 운동을 규칙적으로 하면 오히려 자기 몸에 대한 이해와 함께 증상 인지력이 높아진다. 심박수, 호흡, 근육의 느낌, 피로도 등에 대한 내부감각이 섬세해지기 때문이다. 운동을 통해 내 몸과 친해질수록 정상 기준점이 명확해지고, 평소와 다른 미세한 변화나 이상 신호를 더 빨리 알아챈다. 평소 5킬로미터를 가볍게 달렸는데 어느 날 갑자기 같은 페이스로 1킬로미터만 뛰어도 숨이 차고 힘 들다면? 벤치프레스를 60킬로그램으로 거뜬히 하던 사람이 20킬로그램의 빈 봉조차 무겁게 느껴진다면? 이건 몸이 보내는 강력한 이상 신호다. 큰 병이 아니라도 젖산이 너무 많이 쌓였거나 피로 해소를 위해 지금은 쉬어야 한다는 신호일 수 있다. 평소 운동을 하면 이 신호를 빨리 감지한다. 마음챙김에서 알아차림이 중요하듯, 몸챙김의 첫 단계도 알아차림이다.

세상은 공평하지 않다. 규칙적으로 생활하고 열심히 운동하는 사람도 우울증에 빠질 수 있다. 운동을 하기는커녕 술 담배에 빠져 살아도 생전 잔병치레 한 번 하지 않는 사람도 있다. 유전자나 기질, 경험이 다들 다르기 때문이다. 그게 현실이다. 모든 것은 확률의 문제다. 담배를 매일 한 갑씩 10년간 피우면 폐암에 걸릴 확률이 7배쯤 늘어난다. 얼핏 30배쯤 되어야 할 것 같지만 말이다. 담배는 평생 입에도 안 대본 사람이 폐암에 걸리는 경우도 물론 있다. 운동은 미래에 몸과 마음이 건강할 가능성을 높이는 것이다. 100퍼센트는 없다. 앞날을 잘 대비한다는 것은 좋은 사건의 확률을 높이거나, 나쁜 사건의 확률을 낮추는 행동을 하는 것이다. 돈을 벌어놓는 것도, 타인에게 막말을 하지 않는 것도, 운동을 하는 것도.

마지막으로, 운동을 미리 해둔 사람은 병에 걸려도 회복이 빠르다. 면역력이 강하고 염증 반응이 적다. 치료 과정에서 겪는 체력 저하도 잘 견딘다. 코로나19 대유행 때 근육량이 많은 사람의 회복 속도가 현저히 빠르고 사망률도 낮다는 것이 증명되었다. 우리가 아플 때를 대비해서 보험을 들듯, 미리미리 근테크를 해두자고 하는 이유다.

앵커와 기자를 거쳐 대학교 겸임교수로 있는 기자 P는 3년 전 암에 걸렸는데, 수술 및 항암치료를 하며 박사 학위를 취득했다. P 기자는 한 번에 여러 운동을 해서 필라테스를 배울 때도 꾸준히 헬스장을 찾았다. 코로나와 암 치료 과정을 겪으며 웨이트트레이닝은 더 열심히 하게 되었다. 운동을 제2의 직업이라고 할 정도로, 돈이 부족한 20대에 처음 시작한 등산과 달리기는 지금도 병행한다. 주변 사람들에게 "운동을 그렇게 열심히 하면서 암에 왜 걸렸어?"라는 비아냥을 들을 때마다 P는 이렇게 대답한다. "운동 덕분에 그나마 이 정도인 거야."

아무도 남의 인생을 살아볼 수 없고 자기 자신도 가지 않은 길은 알 수 없으니, 운동하지 않았더라면 어땠을지는 아무도 모른다. 하지만 회복 과정에서 운동이 큰 힘이 된 것은 분명하다. 암에 대한 운동의 효과는 예방보다 재활 쪽에서 더 확실하다. 수술 및 항암치료나 방사선 치료를 잘 견디게 해주며 삶의 질과 생존율도 높인다. 현재 P 기자는 SNS에서 식이요법과 운동 등 회복 후의 관리 방법을 공유하고 있다. 하지만 모두가 그 이야기를 새겨들을 리는 없다. 변화에는 각자 때가 있기 때문이다. 20년 전부터 P 기자는 나에게 운동을 하라고 했는데, 그 조언을 더 빨리 귀담아들었다면 삶이 어떻게 달라졌을까?

마음대로 안 되는 마음들을 위한 운동법

가라앉고, 요동치고, 폭발하는 마음

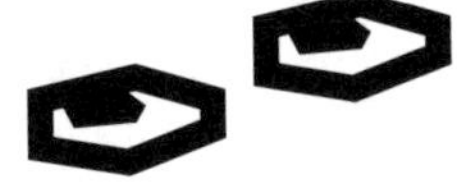

운동을 매일 하면 행복할까? 시간을 내서 운동하는 사람들이 다 마음 편하고 여유가 있어서 그러는 것은 아니다. 각자 속 시끄러운 사정이 있고, 힘든 상황이어도 그냥 하더라. 어쩌면 인생이 더 힘들고 그에 비하면 운동은 쉬워서, 즉 운동으로 몸을 쓰는 동안 오히려 마음은 쉴 수 있어서 계속하기도 한다. 정신건강 문제를 이겨내기 위해 운동하는 사람들도 많다. 운동을 한다고 멘탈이 무조건 강해지는 것도 아니다. 확률 싸움이다. 우울증이나 불안장애에 걸릴 확률은 확실히 줄겠지만, 삶의 불행이나 우울을 근본적으로 떨쳐버릴 수는 없다. 그런데도 운동이 기분 전환에 도움이 되기는 하는 것일까?

가만히 집에 있었으면 별문제 없었을 텐데, 괜히 달리기를 한다고 나갔다가 선크림을 바르지 않은 것이 뒤늦게 떠올라 달리는 내내 찝찝할 수도 있다. 안 그래도 힘든데 기껏 헬스장에 가서 근력운동을 했더니 평소보다 적은 무게를 들고도 지쳐 기분이 더 안 좋아질 수도 있다. 기분 전환도 안 되는 걸, 괜히 한 것일까? 아니다. 질병 수준의 우울증이 아니어도 스트레스가 쌓이면 집중력과 근력 모두 평소보다 저하된다.

기분 전환을 반드시 안 좋은 기분에서 좋은 기분으로 바꾸는 것이라고 생각하면 실패하기 쉽다. 그저 원래 기분에서 다른 기분으로 전환하기만 하면 성공이다. 죄책감에서 원망으로, 자살 생각에서 죽음에 대한 두려움으로, 후회에서 걱정으로! 이렇게 최악의 기분을 덜 나쁜 기분으로 바꾸기만 해도 뇌는 건강한 경험을 한다. 중요한 것은 저절로 전환될 때까지 마냥 기다린 것이 아니라는 점이다. 몸의 움직임을 통해 직접 노력했다. 스스로 한 것이라는 사실을 몸은 기억한다.

가까운 사람에게 서운해서 서럽고 눈물 나는 상황에 스쿼트를 했다. 그런데 하기 전보다 더 화가 났다. 깊이 앉지도 못하는 느낌이고(깊이 앉는다고 꼭 좋은 것은 아닌데도 기분이 안 좋다면 그런 부분에 집착을 할 수도 있다.) 원래

바벨을 들고도 하던 사람인데, 맨몸으로 50개만 했는데도 무릎과 발목이 아프다. 그렇다면 스쿼트를 괜히 한 걸까? 아니, 이렇게 서러운 마음이 스쿼트 따위에 집착하고 화가 나는 마음으로만 바뀌어도 괜찮다. 누군가의 서운한 말을 되뇌며 집착한 것이 아니라, 내 몸 상태에 관심을 가지지 않았는가! 전환에 일단 성공한 것이다. 그러니 기분이 나쁠 때 근력운동을 한다면 평소보다 중량을 낮춰서, 달리기도 속도를 낮춰서 하는 것이 좋다. 원래의 내가 어땠는지 집중하기보다는, 기분이 안 좋을 때도 운동으로 감정을 바꾸려 노력했다는 점을 칭찬하자.

부정적인 생각끼리 돌려막기 하는 꼴 아니냐고? 그런데 한 가지 주제에 대한 반복적인 생각, 특히 과거에 대한 곱씹음이나 미래에 대한 걱정을 계속하면 뇌에 피로가 쌓여 신경세포에 손상이 온다. 해결책 없는 미궁에서 벗어나 전혀 다른 주제, 다른 종류의 감정으로 옮겨가는 자체만으로 도움이 된다. 장을 보고 무거운 봉지를 들 때 힘들면 한쪽 손에서 반대 손으로 옮겨서 드는 편이 나은 것처럼. 나쁜 생각을 긍정적인 생각으로 바꿔라! 좋은 말이다. 누가 몰라서 못 하나? 그게 안 되면 이렇게라도 하자는 것이다. 흙탕물로 가득 찬 컵에 주방세제를 칠한 상황이다. 깨끗하지 않기는 마찬가지여도, 씻어내는 방향으로 우리는 가고 있다.

운동을 통해 최악이 최고로 바뀌지 않더라도 실망하지 말자. 운동뿐 아니라 갖가지 취미나 스트레스 해소법을 무기로 삼는 데 중요한 원칙이다. 독서를 좋아하는 사람의 경우 인생 책을 만나는 날도 있지만, 반품 욕구가 치솟는 실망스러운 책도 만난다. 운동도 때로는 우리를 배신한다. 오늘 내 기분이 40점인 상태였는데, 이 정도 운동하면 적어도 70점은 되기를 희망할 수도 있다. 그런데 힘들게 운동했더니 겨우 42점쯤 된 기분? 실망스럽다. 하지만 움직이지 않고 누워서 끼니를 과자로 때우며 OTT를 봤다면? 40점이었던 기분이 30점으로, 20점으로 떨어질 수 있다. 음주, 폭식, 충동구매로 스트레스를 풀면 당장은 좋아도 후폭풍으로 힘들 수 있다. 운동보다 힘을 안 들이고 50점이 되지만, 다음 날 20점으로 훅 가라앉기 쉽다. 우리 몸은 똑똑해서 아무리 스스로를 속이려고 한들 그 도파민이 어디서 왔는지 안다. 자발적인 활동으로 어렵게 얻어낸 도파민이 더 오래간다.

운동의 효과를 신봉하면서도 "운동은 만병통치약"이라는 말을 나는 좋아하지 않는다. 운동이 현실에 닥친 문제를 해결해주지는 않는다. 괴로움을 잊으려고 수영장에 가서 몇 바퀴씩 돌아도 내 문제는 수영장에 담긴 물처럼 그 자리에 그대로 있다. 하지만 확실한 사실은, 그 어떤 것보다도 운동이 배신을 덜 한다는 것이다. 글쓰기가 안 되어서, 책이 안 읽혀서, 친구가 얘기를 잘 들어주지 않아서 배신당할 확률보다는 운동에 배신당할 확률이 훨씬 더 낮다. 세상에는 우리가 어찌할 수 없는 일이 많다. 운동을 통한 일시적인 변화가 하찮다고 여길 수도 있고 때로는 실망감도 느끼지만, 자발적인 몸의 움직임을 통해 마음이 다른 국면으로 전환되는 경험은 내 인생이 내 것이라는 느낌을 갖는 데 분명 도움이 된다.

우울증, 몸을 일으켜 앉는 것부터

"우울해? 그럼 운동해."

올바른 조언일 수도 있지만, 정신건강의학과를 찾을 정도로 우울증이 심한 사람에게는 그조차 부담이 된다. 용기 내어 주변에 우울증을 고백했을 때 그럼 운동하라는 대답이 돌아와 상처를 받기도 한다. 나의 환자들도 운동이 우울증에 도움이 된다는 사실을 대부분 안다. "정말요? 운동이 도움이 된다고요?"라는 반응은 거의 없다. 알고는 있는데 마음처럼 안 되니까 답답한 것이다.

뇌뿐 아니라 몸의 기능에도 문제가 생기는 병이 우울증이다. 슬픔, 화, 공허함을 느끼는 정도를 넘어 집중력이나 기억력에도 문제가 생기며 전반적으로 에너지가 줄어들어 무기력해지고 몸이 무거워진다. 기간도 중요하다. 증상이 2주 이상 계속될 때 우울증을 진단한다. 감기로 사흘간 몸을 가누지 못해도 힘든데, 2주 이상 계속되면 얼마나 힘들겠는가.

최상의 상태를 100점이라고 해보자. 이상적이라고 상상하는 가상의 상태가 아니라 본인의 삶에서 가장 기분이 괜찮고 활력이 있어 능력을 많이 발휘할 수 있을 때가 100점이다. 아주 정확하게 일일이 점수를 매길 필요는 없지만, 50점 이하라면 약물치료가 먼저 필요하다. 운동을 시작하기 어려운 상태이다.

자신의 컨디션을 점수로 매기라니, 혹시 어려운가? 여기에는 두 가지 답이 있다. 첫째, 역량을 숫자로 나타낼 수 있는 부분끼리 비교해보면 조금 더 쉽다. 가장 쉬운 것은 시간이다. 자격증 준비를 하고 있는데 원래는 앉아서 8시간 정도는 공부를 할 수 있었으나 최근에는 4시간만 해도 지치고 그마저 집중이 어렵다면 50점 이하가 아닌지 의심해볼 수 있다. 횟수로 살펴봐도 된다. 내성적이지만 2주에 1회 정도 친구들과 식사 정도는 할 만했는데 그것조차 귀찮고 두렵다면 문제일 수 있다. 둘째, 지금 굉장히 나쁜 상태가 아니라 점수를 매기기 어려울 수도 있다. 감사하자. 왜냐하면 우울증으로 정신건강의학과에 찾아오는 분들에게 100점 만점에 지금은 몇 점인지 질문하면 금세 대답한다. 보통은 50점 이하의 점수다. 20점 또는 30점, 때로는 7점 정도도 적지 않다. 사소한 결정이 어렵다는 것이 우울증의 증상인데도 이 대답은 어렵지 않은 것이다. 즉 명확하게 나쁜 상황이 되면 점수를 매기기가 어렵지 않다.

문제가 확실하다면, 운동을 하려고 애쓰기 전에 전문가를 찾아서 치료부터 받는 것이 맞다. 모든 병은 오래 묵힐수록 치료 기간이 길어진다. 의사는 자동차로 치면 튜닝을 하는 사람이 아니라 정비공 역할이다. 즉 약물치료는 30점 이하의 상태를 60점으로 올리는 데 가장 효과가 좋다. 90점을 95점으로 올리는 것은 잘 못한다.

정신건강이 회복되는 과정이나 어떤 능력이 발달하는 과정 모두 그림과 같은 둥근가시곡선의 패턴을 따른다. 나는 진료실에서 우울증의 회복 과정을 이야기할 때도 이 곡선을 보여준다. 전체적으로 직선이 아니라 점차 기울기가 완만해지는 둥근 모양이다. 그리고 커다란 둥근 모양과는 별도로 매끄럽지 않게 위아래로 튀는 톱니

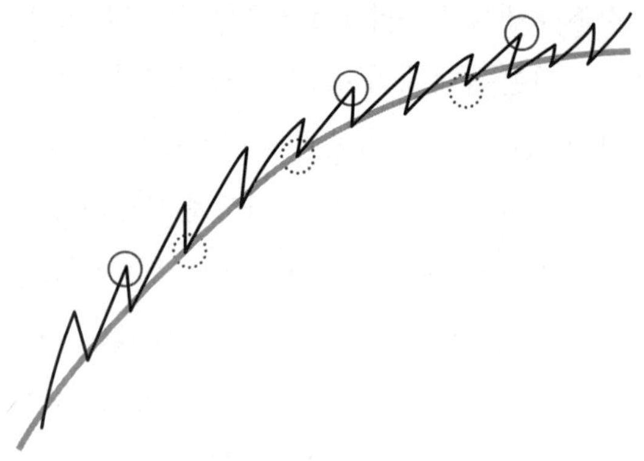

모양이 반복된다.

둥근가시곡선을 우울증의 회복에 적용해보면, 호전 속도가 초반에는 빠르고 차차 느려진다. 절대로 시간과 정비례하여, 계속 비슷한 속도로 좋아지지는 않는다. 최악에서 어느 정도 발전하는 것은 조금 쉬울 수 있지만, 처음의 변화 속도가 이어지기를 기대한다면 실망할 가능성이 높다. 가시가 돋혀 있는 톱니 형태는 무엇을 의미할까? 멀리서 보면 계속 좋아지는 것 같아도 사실 그 안에서는 발전(호전)과 후퇴(악화)를 반복한다는 것이다. 어느 정도 전진했다가 정체되거나 후진하는 과정을 거친다. 거침없이 쭉 발전하는 경우는 없다. 그러므로 가시의 윗부분(실선 동그라미)에서 방심하거나 우쭐댈 필요가 없다. 반대로 아랫부분(점선 동그라미)에서 나는 더 이상 좋아지기 글렀다고 절망해서도 안 된다. 나중에 다시 이야기하겠지만, 고슴도치를 닮은 이 그래프는 운동 실력에도 마찬가지로 적용된다. 우울증 치료를 받는 과정이든 운동이든 무엇인가 꾸준히 하고 변화를 맛보려면 이 사실을 받아들이자. 시간이 흐를수록 초반만큼 발전의 속도가 빠르거나 짜릿하지 않다는 것을 인정해야 한다. 경우에 따라 기울기와 속도가 다를 수 있다.

비가 와서 잠시 센티해진 사람도 "나 우울해."라고 할 수 있고, 3년간 참고 지내다 마침내 죽음을 생각하는 사람도 똑같이 "나 우울해."라고 할 수 있다. 언어의 한계이다. 가벼운 우울감을 겪는 사람이 극심한 우울증 환자에게 이 책을 제목만 읽고 들이밀면서 "봐, 정신과 의사가 쓴 책인데 운동하라잖아. 너의 우울증도 운동으로 극복할 수 있으니 힘내자."라고 섣불리 조언하는 상황이 오지 않기를. 우울증 증상 중에는 납과 같이 몸이 무겁게 마비되는 증상leaden paralysis도 있는데, 지구의 중력을 두 배로 느껴 몸을 일으키기도 어려운 사람에게 왜 운동으로 극복하지 못하냐는 물음은 잔인한 질책이다.

의지만으로 모든 것을 극복할 수는 없다. 일단 어느 정도까지 회복하는 데는 타인이나 의학의 도움을 받을 수도 있다. 도움을 받는 것도 능력이다. 약물치료는 도구일 뿐이고, 정신건강의학과 전문가는 소중한 삶을 낭비하지 않기 위해 일정 기간 이용해먹을 사람이다. 정당한 대가를 지불하고 상대를 존중한다면 이용 자체가 나쁜 것이 아니다. 시대가 준 적절한 도구와 장비를 이용해서 인생을 더 좋은 방향으로 끌고 가는 것은 절대로 부끄러운 일이 아니다. 가야 할 길을 알면서도 발을 내딛지 않는다면 나중에 더 부끄러워질 수 있다. 운동이든 뭐든 의지나 기력이라도 회복해야 시작할 수 있다. 온몸이 어딘가 모르게 아프고 걷기조차 힘든데 내과적 검사를 하면 결과에 별문제가 없는 경우도 우울증일 수 있다.

심한 우울증은 앉아 있는 것조차 굉장히 힘들다. 너무 많이 바라지 말고 몸을 일으켜 일단 앉는 것부터 시작해야 한다. 고유감각의 신호를 잠시라도 전환해야 한다. 하루 종일 누워서 스마트폰만 보면 더 우울해진다면서 손에서 스마트폰을 내려놓겠다는 다짐을 많이들 한다. 실천이 잘 안 된다면, 방법을 바꿔보자. 스마트폰을 계속 보더라도 앉아서 보고 서서 보는 것이다. 좀비 같은 정신으로도 괜찮으니 10분이라도 걸으면 물론 더 좋다. 1시간을 앉아 있는 게 정 힘들다면 20분 동안 걷고 와서 40분을 누워 있을지언정 그 눕는 시간만을 바라보고 걸어도 좋다. 그 대신 우울증 환자들은 활동적인 사람보다 운동의 효과를 보기가 더 쉽다. 20점에서 50점으로 오르는 것이 쉽다고 하지 않았는가. 누워만 있던 사람일수록 운동의 효과를 보기는 유리하다. 그것을 기억하고 조금이라도 움직여주면 정신건강의학과 치료를 받더라도 상담이 쓸데없이 길어져서 비용이 증가하거나, 약의 용량이 많아지거나, 치료기간이 길어지는 것을 막을 수 있다. 즉 운동이 약을 대체할 수는 없어도 나중에 약을 좀 더 빨리 끊을 수 있도록 도와준다는 것이다. 무리해서 바로 뛰지 말고 앉는 것부터 해보자. 그것도 어렵다면 돌이 안 된 아기처럼 누워서 자세를 바꾸며 이쪽저쪽 뒤집기라도 시작해보자.

내 상태가 60점을 넘겼다면 운동을 시작해야 약을 더 빨리 줄일 수 있고, 80점이 넘는다면 약을 줄일 수 있을지 의사와 상의해보자. 약으로만 완벽한 호전을 시도한다면 너무 많은 용량을 복용해야 하니, 80점까지 올라왔다면 내가 더 노력해야 하는 시점이다. 약을 한꺼번에 끊으라는 의미는 아니다. 항우울제를 첨가하거나 늘려서 더 큰 효과를 기대하기보다는 약을 서서히 줄이며 운동을 해도 좋은 때다.

오랫동안 우울증을 앓다가 부정맥이 생겨 시술을 받

은 이후에는 사람도 안 만나고 일도 안 하며 위축된 삶을 사는 50대 환자 B씨가 있다. 최근에는 강아지까지 하늘나라로 보내 혼자 있게 되면서 증상이 심해졌다. 우울증이 심한 사람에게 뛰라고 할 수는 없어 걷기를 추천했다. 그러나 그분은 느릿느릿 걷는 리듬이 어색하고 더 오래 움직여야 하니 오히려 힘들다고 했다. 내가 하루에 300미터씩 걸으라고 숙제를 내주면서 이래라저래라 하는 것도 열받고, 걸었더니 강아지와 산책하던 기억이 나서 더 괴로워졌다고 한다.(솔직히 나는 그런 부분까지 고려하지는 못했다.) 다만 숙제를 안 하면 의사가 약을 안 줄까봐,(그랬을 리는 없다.) 잔소리를 할까봐(그랬을 것이다.) 안 하지도 못하겠고 그저 빨리 끝내고 싶어서 그냥 뛰어버리기 시작했다. 300미터를 달리기로 간다면 금세 끝나버리는데 정말로 뭐가 좋아질까 싶겠지만, B씨는 그 짧은 움직임만으로도 머리가 비워지고 몸이 깨어난 느낌이었다. 우울증 환자들이 흔히 그렇듯 무기력에 빠진 것도 힘든데 그에 대해 죄책감을 갖고 있었다. B씨는 뛰기 시작하면서 하루의 나머지 무기력한 시간에 대한 죄책감도 줄었다. 좀더 편한 마음으로 누워 있기 위해 일단 뛰는 것이었다. 그 이후 약도 줄일 수 있었다. 약속은 했으니 300미터를 채우려고 빨리 뛰어버렸는데 막상 해보니 기분이 훨씬 좋았다.

속도가 빠르기 때문에만 달리기가 좋은 것은 아니다. 걷기와 비슷한 속도로 움직여도 근육의 움직임이 평소와 다르다는 점에서 장점이 있다. '운동을 했다'는 느낌을 갖는 것은 중요하다. 평소와 달리 땀을 흘리고, 쓰지 않던 근육을 쓴다. 순간적인 심박수 증가와 성취감이 기쁨을 준다. 우울증의 회복기도 아니고 초반부터 B씨처럼 운동을 시작하는 경우는 다섯 명에 한 명도 안 된다. 우울증 환자의 가족들도, 환자 스스로도 절대로 많은 기대를 하지 않았으면 좋겠다. 앉기도 힘들다는 점을 기억하자. 하지만 300미터 달리기의 효과는 놀랍다.

B씨처럼 실제로 무엇이 좋을지는 자신도, 심지어 의사도 잘 모를 수 있다. 직접 해보면서 느끼는 것이 가장 확실하다. 실내에서 유튜브를 보고 홈트(홈트레이닝)를 15분만 따라 해도 좋고, 운동하는 시간 자체가 영 괴로운 사람은 B씨처럼 300미터를 달려서 빠르게 해치워도 좋다. 잘될 경우에 의욕이 생겨서 더 높은 목표를 잡고 싶겠지만 너무 쉽게 목표를 높이지 말자. 우울증에 걸리는 이유는 여러 가지가 있는데, 그중 완벽주의도 한몫한다. 누가 봐도 대단한 사람만 완벽주의자인 것이 아니라, 평소 높은 목표를 설정하고 이를 달성하지 못하는 경험

이 반복되면 완벽주의자의 좌절감을 닮게 된다. 자기를 싫어하는 마음이 커지면 체력을 갉아먹는다. 운동에서도 이런 완벽주의를 추구하면 좋아지기 더 어렵다. 현재 우울증이라면 목표를 높게 잡고 달성하지 못해 좌절을 반복하기보다는 목표를 낮게 잡더라도 매일매일 성취해서 작은 성공이라도 경험하자. 과도하게 많은 자기계발서와 심리서에 빠져 '빨리 나아야지.'라는 강박에 사로잡히기보다는 20분이라도 주변을 걷는 것이 훨씬 도움이 된다.

앉는 것조차 힘들다면 다른 근육이라도 움직이자. 중환자실에서 나온 사람들이 재활을 할 때 손가락부터 움직이는 것처럼. 이때는 십자수를 하는 것도 하나의 운동이 될 수 있다. 책을 읽는다면 우울증 상태에서 집중이 잘되기는 어려우니, 입 주변과 성대 근육을 움직이면서 소리 내 읽어보자. 눈으로만 읽는 것보다는 분명 나을 것이다.

운동을 조금이라도 한 경우 소리 내어 스스로를 칭찬하면 더 효과가 좋다. 칭찬이 영 어색하다면 아래의 문장을 돌아가면서 말해보자. 자기에게 편한 표현으로 바꾸면 더 좋다.

오늘 힘든데 운동하다니 잘했어.

우울한데 운동하느라 고생했어.

억지로 움직이느라 수고 많았어.

운동한 나 자신이 대단하다.

이렇게 노력했으니 내일은 기분이 더 좋을 거야.

움직이느라 얼마나 힘들었니? 수고했어.

속으로 생각만 하는 것은 조금 아쉽다. 글을 눈으로 읽으면 시각적 자극을 통해 그 내용이 뇌에 입력되기는 하지만, 직접 입으로 소리를 내면 발음하는 근육의 움직임까지 뇌에 전달된다. 미세하지만 고유감각이 변화한다. 게다가 청각으로도 입력되니 효과가 더 좋다. 소리 내서 말하기가 아무래도 어색하다면 손을 움직여서 글씨로라도 써보면 좋겠다. 그것도 근육의 움직임이니까.

스스로를 칭찬하기 위해서라도 조금 움직이자. 스스로에게 거짓말을 할 수 없다면, 내가 할 말에 맞게 현실을 만들면 된다. 나도 운동 책을 쓰기 위해 2년간 갖가지 운동을 체험해보고 집에서도 매일 맨몸운동을 거르지 않았다. 정직하게 쓰고, 글과 일치된 삶을 살려다 보니 실제 삶이 바뀌었다.

조울증은 어떻게 운동해야 할까

조울증(양극성장애)에 대한 몇 가지 오해를 먼저 설명하고 싶다. 하루에도 몇 번씩 감정이 널을 뛰며 기복이 심한 사람에게 "너 조울증이니?"라고 묻지만 그건 성격 문제일 가능성이 높다. 진짜 조울증은 훨씬 더 긴 주기를 가지고, 평균 2주 이상의 우울증 시기와 1주 이상의 조증 시기가 교대로 나타난다. 각각의 시기를 삽화episode라고 한다. 드라마의 한 회차처럼 '우울한 에피소드', '들뜬 에피소드'가 찾아온다는 뜻이다. 우울 삽화가 오면 기분이 우울할 뿐 아니라 신체도 전체적으로 기능이 떨어져 몸이 납처럼 무겁고 물에 젖은 솜같이 느껴진다. 조울증의 우울 삽화는 단순 우울증의 우울 삽화보다 더 오래가는 경우가 있다. 조증의 경우도 단지 기분이 너무 좋다고 조증이라고 하지는 않는다. 짜증과 화가 많아도 조증일 수 있으며, 작은 일에도 기분이 나빠지고, 소비가 늘어나고, 모든 일을 다 해낼 수 있을 것 같아 무리한 계획을 세우고, 말수가 많아진다. 잠을 못 잔다기보다는 재미있는 일을 하느라 자는 시간조차 아까워 깨어 있는 상태로 버틴다. 증상이 덜한 경조증의 경우, 조증과 달리 자기 상태에 대해 인식한다. 환자들은 경조증 상태에서 자주 이렇게 말한다.

"평소보다 밝고 에너지 넘치는 지금이 좋아요. 계속 이렇게 살면 안 되나요?"

그럴 때 내가 하는 대답은 이것이다.

"그 마음은 백번 이해합니다. 누구라도 우울하고 무기력한 나보다, 활기차고 자신감 넘치는 나를 사랑할 테니까. 하지만 그 에너지는 대출받은 돈과 같아서, 결국 이자까지 쳐서 우울감으로 갚아야 합니다."

산이 높으면 골이 깊다는 말처럼, 경조증의 반동으로 우울해지는 경우 증상이 더 길고 오래갈 수 있다. 이를 대비해 감정의 폭을 줄이는 치료가 필요하다.

조울증은 평생 아홉 번 재발한다. 누구나 그렇다는 것은 아니고, 단지 평균이다. 한두 번 겪는 사람도 있고 스무 번 겪는 사람도 있기에 저런 평균값이 나왔다. 그렇다면 평균에서 벗어나 재발을 예방할 방법이 있을까? 가장 중요한 것은 규칙적인 생활이다. 밤낮이 바뀌지 않은 삶을 사는 것이다. 단조롭고 규칙적인 생활을 하려면 운동처럼 재미없는 루틴이 꼭 필요하다. 조울증 환자들이 입원 환경에서 탁구, 실내자전거를 규칙적으로 할 경우 퇴원이 빨라지는 사례에서 알 수 있듯이 운동은 예방뿐 아니라 치료에도 도움이 된다. 다만 규칙적인 생활이 가장 중요하기 때문에 아무리 운동이 좋다고 해도 잠을 못 잘 정도로 한다면 오히려 회복이 더뎌진다. 그렇게 수면 시간을 줄여가면서까지 하는 게 아니라면 몸을 움직여서 조울증이 악화되는 경우는 거의 없다.

조울증 환자라고 늘 우울증이나 경조증, 조증을 겪지는 않는다. 아무 삽화도 겪지 않는 평상 기분 상태가 훨씬 길다. 조울증이 심했던 헤밍웨이나 슈만도 우울증이나 조증의 증상이 심할 때 왕성히 창작을 한 것이 아니다. 본래의 나로 돌아온 평온한 시기에 위대한 작품이 나왔다. 이처럼 새로운 운동을 시작하려면 평상 기분 시기가 가장 좋다. 처음 배우는 측면에서도 그렇고, 앞으로 재발을 예방하기 위해서도 괜찮을 때 미리 해두는 편이 효과는 더 좋다. 운동을 해둔다고 삽화를 겪지 않는 것은 아니지만, 확실히 가볍게 지나간다. 독감 백신을 맞는다고 무슨 일이 있어도 독감에 걸리지 않는 것은 아니지만 걸려도 가볍게 앓는 것과 마찬가지다. 주 3회, 1시간 이상 운동을 한 조울증 환자들은 입원까지 갈 확률이 줄어든다.

그렇다고 우울증이나 조증, 경조증 시기가 왔을 때 빨리 이겨내보겠다고 운동의 종류나 횟수를 즉흥적으로 바꾸는 것은 권하지 않는다. 원래 하던 대로 하는 것이 가장 좋다. 우울증의 경우는 앞서 자세히 다뤘으니 조증에 대해 더 이야기해보자. 조증 상태에서는 슈퍼 히어로가 된 기분도 느낄 수 있는데, 비현실적인 과대망상을 품는 것과는 거리가 있다. 그보다는 실제보다 자신을 우월하게 평가하고 인간 보편의 취약성이나 한계를 인정하지 않는 쪽이다. 그러다 보면 운동 능력에서도 스스로를 과대평가할 수 있다. 무리해서 달리는 거리를 늘리거나, 자전거의 속도를 높이거나, 구기운동의 경우 경쟁을 심하게 해서 다칠 위험이 늘어난다. 집중력까지 떨어지는 이 시기에는 그러므로 새로운 운동을 시작하지 말고, 하던 운동이라도 무리하지 않아야 한다.

운동을 시작하겠다며 소비를 늘리는 것도 조심하자. 운동 초반에 장비나 옷에 너무 많은 투자를 해서, 그만두고 싶을 때(주로 우울 삽화가 왔을 때) 발목을 잡아 스트레스를 받는 경우가 많다. 원래 조울증의 우울삽화가 단순 우울증보다 훨씬 더 오래가는 탓도 있지만, 조증 시기의 나 자신이 감당할 수 없는 일을 벌인 까닭도 있다. 지금 기분에 취해 충동구매를 하면 다음 달에 우울해진 내가 그 비용을 치러야 한다. 들뜬 내가 저지른 일을 우울한 내가 감당하려면 얼마나 힘들겠는가. 새로운 운동을 시작하면서 장비를 구매하거나, 한 번에 등록하는 기간이 길수록 할인 폭이 커 이득이라는 이유로 헬스장 회원권이나 교습 기간을 너무 길게 잡는 것을 참아야 한다. 조울의 사이클이 자주 반복되는 것을 막는 가장 중요한 원칙은 미래의 내가 감당하기 힘든 일을 만들지 않는 것이다.

생리 때마다 다른 사람이 된다면

C씨는 원래 차분한 성격이고 감정기복도 별로 없는데, 생리하기 열흘 전부터는 전혀 다른 사람이 된다. 본인 표현을 빌리면 "괴물로 변신"한다. 별것 아닌 일로 아이들에게 소리를 지르고, 슬퍼지는 정도를 넘어 죽고 싶다는 생각이 든다. 그때는 그러는 게 맞고 그럴 수밖에 없을 것만 같다. 그러다 생리를 시작하면 원래대로 돌아와서 황당해하며 지난 열흘간의 모습을 후회한다. "애 낳으면 다 좋아진다"며 일단 낳으라고 했던 게 누구더라? 좋아지기는커녕, 애 둘을 낳고 증상이 더 심해졌으니 억울할 따름이다. 우울증처럼 증상이 지속되는 것은 아니다 보니 주변에서도 대수롭지 않게 생각해서 더욱 괴롭다. 며

칠 지나면 원래의 자신으로 돌아올 것을 아니까 희망은 있지만 같은 상황이 반복되니 지친다.

월경전불쾌장애PMDD는 생리전증후군PMS의 심한 상태로, 생리가 끝난 후 배란 전까지(난포기)는 멀쩡하다가 배란이 되고 생리가 시작되기 전 2주 정도(황체기)에, 흔히 '생리 전 기간'이라고 부르는 이때 기분 변화를 심하게 겪는다. 이 증상으로 고민하는 분들은 대부분 컨디션이 괜찮을 때 병원을 찾는다. 증상이 한창일 때에는 예민해지고 감정기복이 심해 병원에 가기도 버거워서 생리 후로 모든 것을 미룬다.

그럼 언제 운동을 하는 게 좋을까? PMDD나 PMS 증상 없이 멀쩡할 때 많이 하는 게 좋다. 굳이 감정기복이 심하고 에너지가 모자란 때 무리하는 대신, 괜찮은 시기에 해두는 것이다. 아픈 때를 대비해 운동을 적립해놓자는 제안과 같은 맥락이다. 이론적으로는 주 3회, 30분 이상의 유산소운동을 생리주기에 관계없이 쭉 유지하면 도움이 되는데, PMDD 증상 완화에도 유산소운동이 더 즉각적인 효과가 있다는 연구가 많다. 물론 장기적인 체력 관리를 위해 근력운동도 필요하지만, 당장 기분이 널뛰는 시기에는 뇌에 산소를 공급하는 유산소가 더 유리하다. PMDD를 겪지 않는 난포기에는 중간 이상 고강도의 운동을 추천한다. 에너지와 회복력이 최대일 때 미리 해두는 것이다. 배란 후 생리 전에는 피로와 PMDD 증상이 올 수 있으므로 무리하지 말고 이완 과정이 포함된 필라테스, 요가 등이 좋다. 생리 기간은 황체기와 비슷하지만, 혹시 생리통도 심하다면 쉬면서 통증 관리와 피로 회복에 집중하는 게 좋다.

실제 80퍼센트의 가임기 여성들이 생리주기에 따라 기분과 에너지 상태가 변한다. 심하냐 덜하냐의 차이가 있을 뿐이다. 그러나 그때그때 다른 종류의 운동을 하기는 현실적으로 어렵다. 그렇다면 하나의 운동을 하되, 생리주기에 따라 강도를 조절해보는 것도 괜찮지 않을까? 요가를 할 경우 난포기에는 아쉬탕가와 같은 활동적이고 강도 높은 플로우를, 생리 전에는 레벨을 낮추거나 아로마 요가처럼 느린 플로우를 하고, 생리 중에는 명상과 이완 위주의 인 요가를 하는 식으로 조절해볼 수 있다. PMDD를 앓는 경우 그 기간에는 자기에게 너무 많은 기대를 하면 안 된다. 나도 PMDD가 심하던 시절에는 원고 마감을 대비해 난포기에 미리 글을 써두곤 했다. 평소의 절반만 움직여도 잘했다고 자신을 칭찬해야 한다.

운동의 종류도 사정에 맞게 선택하면 된다. C씨는 세로토닌의 균형을 맞추는 약을 복용하기로 했지만, 운동을 병행하면 약의 용량도 줄이기 쉬우니 그렇게 해보기로 했다. 그렇다면 어떤 운동을 하는 것이 좋을까. C씨는 생리 양도 많아서 PMDD 기간과 실제 생리 기간까지 합치면 한 달에 거의 절반은 운동을 못 한다고 했다. 수영장의 경우 매달 일정 날짜만큼 생리 결석을 인정해 이월해주는 곳도 있고, 아닌 곳도 있다. 등록할 때 꼭 확인하자. 운영하는 곳의 시스템이 내 사정과 맞는지 알아보고 선택하는 것은 당연한 권리이다.

한 달 단위로 등록하는 격투기, 수영, 헬스보다는 횟수 단위로 등록할 수 있는 운동이 좋다. 물론 일반적으로 회당 가격은 기간제가 횟수제보다 훨씬 저렴하지만, 그것은 빠지지 않고 출석하는 경우 그렇다. 예컨대 기간제로 계산했을 때 회당 2만 원이고 횟수제로는 회당 2만 4000원인 수업이 있다면, 기간제 10회 중 8회만 쓰고 기간이 만료되어 2회치 수강권을 날릴 경우 회당 비용은 2만 5000원으로 올라간다. 그럴 바에는 차라리 횟수제가 낫다. 돈도 아끼고, 운동을 못 갔다는 죄책감에서도 해방되니 마음도 편하다.

조절되지 않는 분노로 가열된 뇌 식히기

정말 죽을 생각으로 자해를 하는 사람들도 있지만, 실은
살기 위해 하는 경우가 더 많다. 그렇게 하지 않으면 지
금 이 순간을 견딜 수 없기 때문이다. 대부분의 자해는
분노가 끓고 불안이 극도로 심한 상황에서 일어난다. 물
건을 부수거나 타인을 해치는 최악의 상황을 피하려고
차라리 내 몸을 희생하는 슬픈 선택이다. 몸을 벽에 박
고, 스스로 때리거나 날카로운 것으로 긁어 통증을 느껴
야만 겨우 정신이 돌아오기도 한다.

그런데 이런 표출에도 내성이 생긴다. 화를 표현해야
만 좋다고 오해하는 사람들이 많은데, 화를 낸다고 그
화가 사라지는 것은 아니다. 화는 낼수록 더 심해지기도
한다. 내성이 생긴다는 것은 처음에 했던 행동으로는 그
만큼 감정 해소가 되지 않는다는 의미다. 수위는 갈수록
높아진다. 작은 행동이 반복되면 뇌가 변한다. 나에게든
남에게든 화를 있는 대로 다 쏟아내는 습관이 들면, 화
를 조절하고 고통을 감지하는 뇌의 영역이 무뎌진다. 나
와 타인의 고통에 무감해지는 것이다. 자해나 분노조절
문제는 그 자체가 진단명이 아니며 원인이 따로 있다. 그
것이 우울증, 경계선 인격장애, ADHD 등 어떤 질병이든

어린 시절의 상처나 타고난 기질이든, 지금 중요한 것은 이미 굳어진 뇌의 회로를 바꾸는 연습이다.

아무것도 뜻대로 되지 않아 화가 치밀 때, 내 몸이라도 내 마음대로 하고 싶은 충동은 강력하다. 이때 "자해하면 안 돼.", "화를 내지 말자."라는 억제 메시지는 도움이 안 된다. 우리 뇌는 원래 뭘 하라는 명령보다는 하지 말라는 금지나 억제 명령을 받아들이기가 더 어렵다. 하물며 이미 흥분한 뇌에는 브레이크가 더 안 먹힌다. 충동이 올라올 때는 오히려 "내 몸은 소중하다." 또는 "밖으로 나가 바람이라도 쐬자."처럼 긍정어 메시지가 낫다. 그러나 현실에서는 이런 대안마저 잘 떠오르지 않는 경우가 많다. 그럴 때에는 들끓는 에너지의 방향을 바꾸어야 한다. 가장 먼저 시도할 것은 호흡이다. 흔히 심호흡을 하라고 하면 숨을 크게 들이마시는데, 긴장 상태에서 들숨만 쉬면 과호흡이 와서 공황 상태에 빠질 수 있다. 중요한 건 날숨이다. 풍선을 불듯이, 폐 깊숙한 곳의 나쁜 공기를 남김없이 짜낸다는 기분으로 길게 "후~" 하고 내뱉어야 한다. 비워야 채워진다. 들이마시는 건 몸이 알아서 할 테니, 우리는 뱉는 것에 집중하면 된다.

실전은 늘 어렵고, 책이나 유튜브에서 본 방법을 잔뜩 흥분했을 때 실행하기란 더더욱 쉽지 않다. 자해와 타해 모두에 일가견이 있다던 23세 D씨의 사례를 보자. 그는 화가 나면 날카로운 것으로 자기 몸을 긋거나 물건을 던져 늘 손목에 상처가 나 있고 휴대폰 액정은 깨져 있었다. 나는 그에게 화가 날 때 전력 질주를 하거나 찬물 샤워를 해보라고 조언했다. 다른 환자에게 효과가 있었던 방법이기 때문이었다. 하지만 D씨는 실패했다. 화가 머리끝까지 난 순간에는 뛸 정신이 없었고, 화장실에 가서 찬물을 끼얹겠다는 생각은 더욱 떠오르지 않았다. 약속을 지키지 못하니 오히려 좌절이 반복되었다. 왜 누군가에게는 통하는 방법이 D씨에게는 통하지 않았을까?

바로 평소의 긴장도 때문이다. 분노가 폭발하는 임계점을 100이라고 치자. 평소 긴장도가 30인 사람은 화나는 일이 생겨도 70만큼 참을 여유가 있다. 하지만 D씨처럼 평소 긴장도가 80인 사람은, 누가 툭 건드려서 20의 자극만 와도 바로 100에 도달해 폭발한다. 이미 물이 찰랑거리는 컵에는 물 한 방울만 더해져도 넘치는 법이다. 우리도 극도로 예민한 상황에서는 누가 이름만 불러도 짜증이 확 솟지 않는가? D씨에게 필요한 건 폭발 직전의 대처가 아니라 평소의 수위를 80에서 50으로 낮추는 작업이었다. 이를 위해 가장 좋은 것이 규칙적인 운동인데, 충동 조절이 어려운 사람들은 지루한 반복을 견디지 못

하는 경우가 많으니 본인이 좋아하는 운동을 찾는 것이 첫 번째 과제다.

이럴 때는 헬스장에서 혼자 자유롭게 하는 운동이나 러닝 크루처럼 동등한 회원끼리 모여 하는 운동보다 지도자가 있고 규칙이 엄격한 환경에서 하는 구조화된 운동이 낫다. 그런 의미에서 격투기도 추천할 만하다. 그렇게 거친 운동을 하면 분노를 더 쉽게 표출하게 되지 않을까 걱정할 수도 있지만, 격투기야말로 에너지 발산에 효과적이다. 단, 반드시 관장이나 사범 등 통제하는 지도자가 있는 환경이어야 한다. 실제 킥복싱 수업을 살펴보면 1시간 중 스파링은 10~20분에 불과하고 나머지는 줄넘기 같은 유산소운동, 복근운동, 샌드백 치기 등 고강도 훈련으로 채워진다. 지도자들은 늘 누군가가 다치거나 서로 흥분하는 상황을 염려하여 안전에 무척 예민하기 때문에, 그 안에서 규칙을 지키며 에너지를 쏟는 것은 오히려 안전한 해소법이 된다.

반면 축구나 농구 같은 경쟁적인 단체 구기종목은 권하지 않는다. 검증된 지도자가 이끄는 수업보다는 동호회 중심으로 코치 없이 경기가 이루어지는 경우가 많기 때문이다. 과도한 승부욕 때문에 스트레스를 더 받거나, 몸싸움 과정에서 가해자나 피해자가 되는 애매한 상황이 발생할 수 있다. 감정적으로 흘러가기 쉬운 상황은 피하는 게 상책이다. 경쟁적 운동을 꼭 하고 싶다면 차라리 테니스나 탁구처럼 네트를 사이에 두거나 승패의 결과가 오롯이 내 책임인 1:1 운동이 낫다.

D씨의 여정이 여전히 순조롭지는 않다. 격투기를 시작했지만 자율 수련에서 다른 회원과 충돌이 생겨 그만두기도 했다. 남의 기합 소리에도 신경이 곤두서는 D씨였다. 결국 종목을 두 번 바꾸고 도장을 옮겨서 기합을 넣지 않는 주짓수에 정착했다. 그리고 평소에 화가 날 때면 소리를 지르며 밖으로 뛰어나갔다. 그냥 뛰는 것보다는 훨씬 효과가 있었다. 소리를 지른다는 출력 행위를 통해서 감정에 집중하는 정도를 줄일 수 있었던 것이다. 남의 소리에는 예민하면서 본인은 소리를 지르는 것으로 화가 풀린다니 이상할 수도 있겠다. 기합을 넣거나 무거운 중량의 기구를 들 때 소리를 내뱉는 행위는 단순한 발성을 넘어 뇌의 원시적인 감정 영역과 운동 신경계가 폭발적으로 연결되는 과정이다. 감정에 과도하게 집중된 주의를 근육으로 옮길 수 있다. D씨는 가족과 갈등이 생길 때도 소리를 지르게 될 정도로 화가 나면 일단 미친 듯 달려나가기로 했다. 지금도 분노조절이 완전히 되는 것은 아니지만 정도와 빈도에서 전보다 좋아졌다. 소리

를 지르며 혼자 달리는 사람을 본다면 너무 놀라지 말자. 자기 분노와 예전보다는 더 나은 방식으로 싸우며 감각으로 감정을 누르는 중일 수도 있다.

우리는 모두 화를 조절하기 어려운 순간을 만난다. 그때마다 "당장 어떻게 참지?"만 고민해서는 답이 쉽게 나오지 않는다. 운동은 그 순간의 분노조절에 앞서 평소의 긴장 수위를 낮춰주는 예방 차원의 배수 작업으로서 의미가 있다. 물론 불이 붙었을 때 안전하게 끄기 위해 호흡운동과 같은 소화기까지 두루 준비해두면 더 좋다.

쉴 틈 없이 깨어 있는
불안한 마음

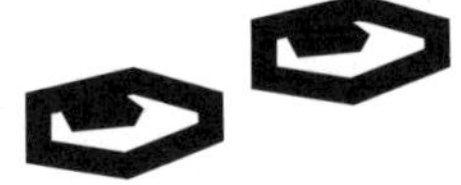

잠과의 밀고 당기기에서 내 편 만들기

잠은 참으로 야속하다. 제발 잠이 오라며 침구와 온도와 조명을 완벽히 갖추고 아로마에 ASMR까지 준비한 사람에게는 도통 찾아오지 않으면서, 졸음을 어떻게든 참아야만 하는 강의 시간에는 잘만 찾아온다. 잠을 자려는 노력은 과유불급이다. 잘 자려고 너무 열심히 애쓰면 잠은 오히려 달아나버린다. 역설적이게도 잠에 대해 별생각 없는 사람들이 가장 잘 잔다. 좋은 수면을 위한 갖가지 인지행동치료 기법이 있지만, 핵심은 결국 하나로 통한다. "잠님, 제발 오세요."라고 애원하는 태도를 버리고,

"흥, 오든가 말든가~" 하는 배짱을 가지는 것이다. 잠에 매달리는 마음 자체가 긴장도를 높이기 때문이다.

이 밀당에서 운동은 잠이라는 녀석에게 관심을 덜 둘 수 있게 돕는다. 꼭 격렬한 운동으로 몸을 녹초로 만들어야 푹 자는 것은 아니다. 30분 정도의 가벼운 운동만으로도 잠드는 데 걸리는 시간을 줄일 수 있다. 관건은 타이밍이다. 밤늦게 고강도 운동을 하면 교감신경이 흥분해서 오히려 잠이 달아나는 경우도 있다. 반대로 밤에 운동해야 기분 좋은 피로감을 느끼며 잘 자는 경우도 있다. 내가 밤늦게 운동하면 잘 자는지, 아니면 눈이 말똥말똥해지는 체질인지는 직접 겪어봐야 안다. 이걸 파악해야 혼자 운동하든 체육관이나 수업을 등록하든 시행착오가 적다. 퇴근 후 운동할 목적으로 헬스장을 등록한다면 먼저 잠자기 직전 집 근처에서 달리기나 헬스를 한 번 해보고 결정하자. 잠들기 2~3시간 전에는 운동을 마쳐야만 수월하게 잠드는 사람이라면 직장 근처가 낫고, 운동 후 기진맥진해서 귀가하기도 힘들다면 집 근처가 나을 것이다. 나는 30대 후반에 킥복싱을 배우면서 내가 늦은 밤 운동에 취약한 사람임을 알았다. 운동은 너무 재밌는데, 땀 흘리고 개운하게 누웠더니 잠이 안 와서 당혹스러웠다. 몸은 피곤한데 정신만 깨어 있었다. 그 후

밤 10시 수업은 포기하고 저녁 8시로 앞당겼더니 괜찮았다. 운동은 몰랐던 나를 알아가는 과정이기도 하다. 자기자신을 아는 게 세상에서 제일 어렵다. 내 과거의 기억에만 의존하지 말고, 지금 내 몸이 어떻게 반응하는지 관심을 가져보면 어떨까?

젊을 때 못 자다가 나이 들어 잘 자는 사람은 거의 없다. 꿈이 많아지거나 잠드는 데 더 오래 걸리는 것도 자연스러운 노화이니 20대 때만큼 못 잔다고 속상해할 필요도 없다. 나의 경우도 원래 밤 운동을 못 하는 사람이라기보다, 마흔 무렵 수면에 더 예민해졌을 수도 있다. 중요한 건 왕년의 내가 아니라 지금의 나다. 누구를 만나며 지내느냐, 무엇을 먹느냐, 어떻게 움직이느냐에 따라 사람은 매일 미세하게 변한다. 그 변화가 대륙이 1년에 5센티미터 이동하듯 느려서 당장 와닿지 않을 뿐이다.

잠자는 동안 우리 의지로 할 수 있는 건 없다. 푹 자기 위해 우리가 할 수 있는 일은 깨어 있는 동안 잘 사는 것뿐이다. 하루 종일 누워 있다 밤에 또 누워서 잠을 청하면 뇌는 혼란스럽다. 우리 뇌는 여러 호르몬과 신호가 합쳐져야 비로소 스위치를 끄고 잠이 든다. 우리가 의도적으로 조절할 수 있는 스위치 중 하나는 자세다. 우리 몸의 고유감각이 "아, 이제 누운 걸 보니 잘 때가 되었구나.”라고 느껴야 한다. 그러려면 낮에는 서 있거나 앉아 있어야 한다. 하루 종일 누워 있다가 밤에 또 눕는 건 뇌 입장에서 아무런 변화가 아니다. 특히 젊은 분들이 주말에 침대와 한몸이 되어 있다가 밤에 잠이 안 온다고 호소하는데, 이는 몸이 수면 모드로의 전환을 인식하지 못해서다. 낮에 따로 운동을 못 해도, 최소한 앉아 있거나 걷기만 해도 누워 있는 것보다는 숙면에 도움이 된다. 누워 있다가 또 누워 있지 말자. 밤에 자다가 깼을 때도 마찬가지다. 30분 이상 잠이 안 오면 그대로 누워서 뒤척이지 말고, 잠시 이불 밖으로 나와 걷거나 의자에 앉아 있다가 다시 눕는 게 낫다. 뇌에게 ‘이제 다시 눕는다=잔다’라는 신호를 명확히 주는 것이다.

수면 호르몬인 멜라토닌은 햇빛이 만든다. 좀 더 정확히는, 낮에는 빛이 있다가 밤에 없어져야 그 차이를 인식하고 몸에서 멜라토닌을 분비해 잠이 온다. 뇌의 시상하부에 있는 생체시계가 그 과정을 조절하는데, 이 시계는 손목에 차고 흔들어야 작동하는 오토매틱 시계와 같다. 햇빛을 보고 몸을 움직여 태엽을 감아줘야 돌아간다. 그래서 불면증에는 실내운동보다 야외운동이 좋다. 아무리 흐린 날에도 햇빛은 실내조명보다 훨씬 강력하다. 중요한 건 눈으로 빛을 느끼는 것이다. 물론 해를 정면으로

보라는 게 아니라, 야외의 밝기를 느끼라는 뜻이다. 여기서 의사들끼리 의견이 갈린다. 정신건강의학과는 "나가서 햇빛을 쬐라"고 하지만 피부과는 "자외선은 노화의 주범"이라며 말리고, 안과는 "백내장 온다"며 선글라스를 권한다. 참 어려운 문제지만, 어쨌든 수면만 놓고 보면 햇빛 아래서 움직이는 것이 최고의 처방이다.

잘 자는 데 운동이 중요한 건 사실이지만, 절대적인 건 없다. 반드시 운동을 한 날만 잘 자고 운동을 빼먹은 날은 숙면에 실패한다는 것도 아니다. 꾸준히 노력하는 과정에서 수면 패턴이 좋은 쪽으로 천천히 바뀐다. 그리고 운동을 아무리 열심히 해도 못 자는 사람은 분명 있다. 유전적 특성이나 극심한 스트레스 등 각자 사정이 있다. 내가 운동 덕분에 꿀잠을 잔다고 해서, 불면증 환자에게 "그게 다 운동 안 해서 그렇다"고 쉽게 진단을 내려선 안 된다. 꽃으로도 때리지 말라 했다. 하물며 만병통치약으로도 사람을 때려선 안 된다.

공황은 급발진, 운동은 내가 밟는 액셀

우리 몸의 자율신경은 심장, 폐, 위장 등 내장기관을 조절하는 자동제어장치다. 이 장치는 교감신경이라는 액셀과 부교감신경이라는 브레이크가 짝을 이루어 시소처럼 균형을 맞춘다. 긴장하거나 위기 상황일 때 액셀을 밟아 심장을 뛰게 하는 것이 교감신경이고, 이 과정에 이상이 생겨 아무 일도 없는데 갑자기 급발진을 하게 되는 사고가 바로 공황발작이다. 심장이 터질 듯 뛰고, 숨이 막히고, 식은땀이 나며, 이러다 죽을 것 같다는 공포에 휩싸인다. 사실 공황발작 반응 자체는 정상이다. 사자가 날 죽이겠다고 쫓아오면 액셀을 있는 대로 밟아 도망쳐야 하니까. 문제는 사자도 없는데 내 몸 혼자 난리가 난다는 점이다. 그러다 보면 지하철을 타도, 터널을 지나도 "또 이러면 어쩌지?" 하는 예기불안까지 겹쳐 삶이 위축된다. 여러 번의 공황발작과 예기불안이 합쳐지면 공황장애가 된다.

운동을 하면 심장이 뛰고 숨이 찬다. 달리기를 해서 숨이 차든 공황발작으로 숨이 차든 교감신경이 항진되는 것은 마찬가지라 공황장애 환자들은 이 감각에서 끔찍한 기억을 떠올린다. 응급실과 내과를 거쳐 마침내 정신건강의학과에서 "죽는 병이 아니다."라는 진단을 들은 후에도 몸은 끔찍한 감각을 기억하니 여전히 두렵다. 머리로는 이해해도 말이다. 그래서 운동을 피하려 한다. 물론 하루에도 몇 번씩 발작이 오는 급성기에는 격한 운동을 피하는 게 맞다. 하지만 구분해야 할 것이 있다. 도박으로 돈을 따서 나오는 도파민과 마라톤을 해서 나오는 도파민의 질이 다르듯, 스트레스로 교감신경이 오작동해 숨이 찬 것과 내 근육이 산소를 원해서 숨이 찬 것은 질적으로 완전히 다르다. 전자는 통제 불가능한 공포일 뿐이지만, 후자는 내가 만든 건강한 자극이다.

진료실에서 나는 이렇게 말한다. "내 몸은 내 것이라고 백번 말해봐야 소용없습니다. 직접 움직여서 확인해야 합니다." 필요 없는 때 흥분하는 뒤틀린 교감신경을 가라앉히고 내 몸이 내 것임을 확인하는 것은 진료실에서 의사와 마주한 순간도, 지금 이 책을 읽는 순간도 아니다. 약을 먹었으니 괜찮겠거니 손을 놓고 있는다고 저절로 좋아지지도 않는다. 항우울제와 항불안제는 우리가 공황의 기억을 극복할 수 있도록(잊는 것이 아니다!) 토대를 만들어줄 뿐이다. 다시 말해 약물치료로 호르몬 균형을 잡는 것은 기초공사다. 그 위에 좋은 경험을 쌓아올리는 것은 우리 자신이다. 물론 내 몸이 내 것이 아닌 것 같은 경험은 한 번이어도 매우 힘들고, 알 수 없는 이유로 심장이 뛰면 불쾌하다. 하지만 내가 달리기를 해서 심장을 뛰게 만들면 자기통제감이 생긴다. "어? 심장이 빨리 뛰어도 안 죽네? 내가 멈추니까 심장도 진정하네?” 이 경험이 쌓여야 내 몸에 대한 믿음이 회복된다. 자기통제감을 어떻게 획득할지 누워서 고민하는 것보다 훨씬 빠르고 효과적이다.

많은 환자가 묻는다. “유산소가 좋아요, 근력운동이 좋아요?” 숨이 차고 땀 나는 것을 경험해야 하니 역시 유산소운동이 좋을까? 이론적으로는 산소 활용 여부로 운동의 종류가 나뉘지만, 현실에서는 같은 종목이라도 어떻게 하느냐에 따라 달라지기 때문에 칼로 자르듯 나눌 수 없다. 유산소운동인 수영도 전력으로 하면 무산소 구간이 생기고, 무산소인 웨이트트레이닝도 하다 보면 숨이 찬다. 공황장애 환자에게 중요한 건 운동의 종류가 아니다. 현재 내 상태와 타협할 수 있느냐 여부이다.

광장공포증은 특정 장소에서 공황발작이 오는 현상이다. ‘광장’이라는 표현 때문에 오해할 수 있지만, 지하철, 비행기, 기차, 엘리베이터, 쇼핑몰, 식당, 높은 곳, 혼자 있는 집, 샤워부스 등 증상이 나타나는 공간은 다양하다. 공포는 주관적이다. 같은 광장공포증을 겪더라도 어떤 환자는 탁 트인 야외를 무서워하고, 어떤 환자는 꽉 막힌 헬스장을 무서워한다. T씨의 사례가 그렇다. 직장 상사의 성적 괴롭힘과 업무 스트레스로 공황이 온 T씨는 지하 구내식당에서 첫 발작을 겪은 후 헬스장도 못 가게 되었다. 지하에 있는 헬스장, 그리고 거기 있는 남자들만 봐도 성적 괴롭힘을 당한 기억이 떠올라 숨이 막혔기 때문이다. 나는 이것이 과잉일반화overgeneralization라고 설명했다. 한번 공포를 겪으면 뇌는 그와 비슷한 모든 자극, 즉 가해자의 성별인 남자, 발작이 일어난 지하, 그곳에서 하는 운동까지 싸잡아 위험신호로 등록해버린다. 공포의 범위가 넓어지는 것이다. T씨는 머리로는 이해했지만 몸은 여전히 헬스장을 거부했고, 러닝머신에서 3분만 걸어도 쓰러질 것 같은 느낌이 다시 왔다. 그래서 나는 운동하라는 말을 멈췄다. 두려운 상황을 언제까지나 피할 수는 없지만, 운동을 한답시고 처음부터 너무 어려운 환경에 처할 필요도 없다. 몇 주 후 T씨는 중고 실내자전거를 사서 집에서 TV를 보고 통화를 하며 편하게 탄다고 했다. “숨이 차는 건 똑같은데, 집에서 타니까 무섭지 않고 오히려 개운해요.” 그렇게 조금씩 자신감을 찾은 T씨는 몇 주 뒤 자연스럽게 다시 헬스장에 갈 수 있게 되었다. 모든 것엔 때가 있는 법이었다. 환자들은 늘 의사보다 지혜롭다. 스스로 답을 찾아내니까.

회복의 핵심은 숨이 차는 감각과 화해하는 것이다. 가슴이 답답하다고 습관적으로 숨을 들이마시기만 하면 과호흡이 온다. 과식, 과음처럼 필요 이상으로 숨을 마시는 것이 과호흡이다. 숨을 덜 들이마셔서 문제가 되는 경우는 없다. 중요한 건 내뱉기다. 숨을 뱉는 것이 잘되지 않으면 호흡에 불균형이 생기고 교감신경 항진은 더 심해진다. 틈날 때마다 풍선 불듯 갈비뼈 안쪽까지 쥐어짜는 감각으로 숨을 "후~" 하고 뱉어보자. 숨이 좀 부족한 느낌이 들더라도 실제로는 질식 상태가 아니라 안전하다는 걸, 뱉으면 오히려 편안해진다는 걸 몸으로 느껴야 한다.

변화는 천천히 오는 게 좋다. 마음의 변화에도 요요가 있다. 움직임 전문가 이슬기의 책 『100년 체력을 위한 달리기 처방전』(현익출판, 2023)에서는 시속 4킬로미터 정도의 초저속 달리기를 추천한다. 고강도 운동으로 최대 산소섭취량을 높이는 것보다 저강도 운동으로 젖산염의 역치를 올리는 것이 지구력 향상에 도움이 되기 때문이다. 젖산은 운동을 하면 생기는 피로물질로, 저강도 운동을 꾸준히 하면 젖산이 생겨도 바로바로 에너지로 재활용하는 능력이 좋아지고, 이후 꽤 빠른 속도로 달려도 혈중 젖산 농도가 급격히 치솟지 않게 되어 더 오래 운동할 수 있다. 사실 말이 달리기지, 빠른 걸음보다 느린 속도다. SNS에 인증하기엔 민망할 수도 있다. 실제로 느리게 달리는 것이 더 어렵기도 하다. "이게 운동이 돼? 옆 사람은 쌩쌩 달리는데?" 싶을 테지만 조급해하지 말자. 바로 그 조급함이, 빨리 성과를 내야 한다는 압박감이 우리를 공황으로 몰고 간 주범일지도 모른다.

우리 뇌와 몸에는 신전반사stretch reflex라는 안전장치가 있다. 평소에 안 하던 다리 찢기를 과하게 시도하거나, 근력운동을 할 때 갑자기 무게를 늘려서 근육이 놀라면 "위험해! 큰일나겠어!" 하며 뇌가 근육을 원래대로 되돌려 보호한다. 근육의 능력을 100퍼센트가 아니라 70퍼센트만 발휘하게 하는 것이다. 직업 운동선수라면 이 신전반사를 극복해야 하지만 우리 일반인들은 그 덕분에 덜 다친다. 이렇게 우리 몸은 서서히 변화하도록 설계되어 있다. 마음에도 신전반사가 있다. 오랫동안 굳어 있던 습관을 갑자기 확 바꾸려 하면, 뇌는 위험신호로 감지해 공황발작이라는 급발진 사고를 일으킨다. 공황장애는 너무 급하게 달렸으니 이제 좀 천천히 가라는 몸의 신호다. 그러니 회복조차 빨리빨리 하려 한다면 더디 낫는다.

초저속 달리기는 어쩌면 '달리기'라기보다 '나를 달래기'이다. 이것을 추천하는 까닭은 공황장애 환자들이 쉽게 시작해볼 수 있기 때문이다. 10분만 해보고 시간을 조금씩 늘려도 된다. 거리 역시 즉흥적으로 늘리지 말고 미리 계획한 만큼 달리자. 다시 말하지만, 우리의 목표는 운동선수가 되는 것이 아니라 건강하게 사는 것이다. 실제로 운동을 하다 보면 잘하고 싶은 욕심에 그 점을 쉽게 잊는다. 일단 10분만 천천히 뛰어보자. 아기를 안고 있거나, 겁 많은 강아지와 처음 산책한다는 감각으로. 숨이 턱끝까지 차오른다면 속도를 늦춰야 한다. 마라톤 풀코스 주자들도 처음엔 그렇게 시작했다. 조급한 마음을 버리고 천천히 변화할 때 오히려 더 빨리 나을 수 있는 것이 공황장애다. 느려도 괜찮다. 자기 의지로 첫걸음을 내디뎠고, 멈추지 않고 내 속도대로 움직이고 있으며, 그런 시간을 통해 나를 달래며 숨이 차는 감각과 화해하고 있다는 것. 그 자체가 이미 기적 같은 변화니까.

운동도 강박적으로 하는 게으른 완벽주의자들

강박이 문제가 되는 질환은 강박증과 강박성인격장애가 있다. 반복적이고 집요한 사고나 집착적인 행동이 공통점이다. 강박증은 원하지 않는 생각이 반복되어서 본인이 괴롭고, 이를 해소하기 위한 반복적 강박행동이 있는 경우도 있고 없는 경우도 있다. 강박성인격장애는 일상적인 계획, 규칙, 정돈 등에 반복적으로 집착하는데, 스스로의 행동이 문제라는 인식이 없어서 주변 사람들이 힘들다. 대표적인 두 가지 질환에 대해 이야기했지만, 질병까지는 해당되지 않더라도 많은 사람들이 어느 정도는 강박적이다.

모든 분야에 강박적인 사람은 없다. 진짜 중요한 일보다는 내가 중요하다고 생각하는 부분에 집중하니 문제다. 예를 들어 보고서의 글씨체와 줄 간격, 인쇄 상태 등을 중요시해서 내용보다 그런 부분에 집착하느라 시간과 에너지를 소비한다. 그러다 마감을 놓치기도 한다. 완벽하게 해내지 못할 것 같은 두려움 때문에 시작을 못하는 경우도 많다. 머릿속으로 시뮬레이션을 너무 많이 하느라 행동할 기회를 놓친다. 그러다 보면 게으른 완벽주의자가 된다. 완벽주의자라고 해서 꼭 더 일을 잘하는 것도, 결과물이 좋은 것도 아니다. 우리의 시간과 에너지는 한정적이기 때문에 부수적인 부분에 집착하다 보면 꼭 중요한 것을 놓치게 된다.

강박을 떨쳐내기 위해서 운동이 필요한 것은 당연하다. 굳이 그 이유를 '선조체의 세로토닌 대사 증진' 같은 전문 용어로 설명하지는 않겠다. 이 책에서는 뇌의 부위나 호르몬에 대한 과학적 설명을 지양하고 있는데, 강박적인 성향의 독자라면 마음에 들지 않을 수도 있다. 하지만 어느 부위에 무슨 호르몬이 작용하는지, 정확히 어떤 효과가 있는지에 따라 운동을 할지 말지 결정할 것인가? 그것 자체가 강박일 수도 있다. 삶의 어떤 부분은 그저 흘러간다는 태도가 필요하다. 물론 사람은 쉽게 바뀌지 않는다. 누군가가 강박적이라면 분명 기질적인 원인도 있다. 그래서 더더욱 운동이 필요하다. 직업이나 대인 관계처럼 삶의 중요한 부분에서 갑자기 태도를 180도 바꾸라고 할 수는 없기 때문이다. 강박적인 성향인데 운동이 직업이라면 그 사람은 운동이 아닌 다른 영역에서 태도를 바꾸어야 한다.

강박이 심한 사람들이 운동을 하면서 힘들어하는 이유는 많은 경우 의외로 성과에 대한 완벽주의 때문은 아니다. 달리기를 남들보다 못해서 힘들다기보다는 달리기를 하면서 땀에 젖어 있는 상태를 못 견뎌서일 수도 있다. 몸의 오른쪽을 더 많이 써서 양쪽이 대칭이 아니라는 느낌 때문에 힘들 수도 있다. 강박증은 더 중요한 것에 관심을 갖기보다 실제로 중요하든 말든 자기 틀을 고수하는 증상이기 때문이다. 강박 중에 가장 흔한 것이 오염 강박이다. 손이 조금만 더러워져도 균에 오염되었고 병에 걸릴 수 있다는 생각 때문에 괴로워한다. 손이 더러워지면 큰일난다는 강박생각을 떨치기 위해서 손 씻는 행위를 반복하는 것이다.

Q씨는 10대 시절부터 개인정보 유출에 예민하다. 어찌저찌 지금은 회사를 다니기 시작했지만, 자기 실수로 개인정보가 유출될까봐 늘 불안하다. 다른 사람이 버린 택배 상자도 제대로 개인정보를 잘 없앴는지 뒤집어서 확인해야 한다. 처음에는 Q씨가 꼼꼼하다며 다들 좋아했지만, 그 확인을 하느라 진짜 중요한 업무를 못 하니 동료들도 불만이 쌓였다. Q씨는 쓰레기를 전부 확인했다. 서류를 잘게 찢어서 파쇄기에 넣고도 안심이 되지 않아 매번 폐지함을 열어서 확인하니 Q씨도 주변 사람들도 너무 힘들었다. 집에서도 가족들이 영수증 같은 것을 잘못 처리할까봐 불안해 반드시 본인이 버려야 했다.

강박증 중에는 Q씨처럼 양심적이고 성실한 사람들이 많다. 다만 자기 틀을 벗어나지 못할 뿐이다. Q씨는 헬스장을 갔으나 본인의 가입신청서가 잘 관리될지, 옆에서 새로 가입하는 사람들의 신청서와 섞여서 자기 개인정보가 유출되지는 않을지 끊임없이 걱정이 되었다. Q씨가 견디기에는 너무 힘든 불안이고, 다른 운동 센터를 가도 마찬가지일 것 같았다. 달리기를 해도 가는 곳은 결국 동네 재활용장이었다. 거기서 자기 개인정보가 붙은 택배상자는 없는지 확인을 했다. 결국 어렵게 고른 운동은 이동이 없고 등록도 필요 없는 줄넘기였다. 줄넘기를 시작한 초반에는 괴롭기도 했다. 넘은 횟수를 제대로 못 세면 처음부터 다시 세야 하니 화가 났고, 오른쪽 왼쪽 스텝을 각기 다르게 밟아도 무척 언짢았다. 그래도 Q씨의 핵심 증상은 아니었으므로 덜 괴로웠다. 문제는 줄넘기에 익숙해지자 그렇게 땀을 흘리면서도 낮에 종이를 제대로 버렸나 하는 생각이 다시 끊임없이 떠오른다는 것이었다.

한껏 기승을 부리는 핵심 강박 증상을 운동으로 바꿀 수 있나? 솔직히 그건 아니다. 강박과의 싸움은 길고 어렵다. 그렇다면 Q씨와 같은 사람에게 운동은 어떤 의미가 있을까? 바로 내 마음대로 안 되는 상황, 계획대로 안 되는 경험을 스스로 불러오는 것이다. 원하지 않는데 닥친 경험과 내가 능동적으로 불러온 경험은 다르다. 뇌도 전혀 다르게 인식한다. Q씨는 개인정보가 종이로 유출되는 상황이 힘들고, 그 불안을 못 견디니 자꾸 확인하게 된다. Q씨가 할 일은 그 확인의 순간을 지연시키고, 절대로 확인하지 못하는 시간을 내 손으로 만들어버리는 것이다. 강박이 있는 사람이 운동을 시작하면 불안한 순간이 찾아온다. 하지만 무언가의 확인이나 손 씻기, 대칭 맞추기 같은 강박행동을 지연시키려면 가만히 앉아서 참는 것보다는 운동을 하며 시간을 끄는 편이 더 쉬울 수도 있다. 만약 불안을 그대로 둔 채 운동에 계속 집중하면 어떻게 될까? 불안이 점점 커져서 결국 미치거나 쓰러질까? 결코 그렇지 않다. 커지거나 말거나 관심을 두지 않고 내 갈 길을 가면 불안은 줄어든다. 내버려두면 불안은 언젠가 내려간다. 그것을 몸소 경험해야 한다. 그 시간을 땀 흘리면서 견뎌내면 아주 좋다. 몸은 힘들지만 마음은 덜 힘들다. 끊임없이 나를 괴롭히는 생각에서 벗어나는 그 시간이 선물로 돌아올 것이다.

증상의 정도와는 무관하게 강박적인 성향인 사람들이 꼭 기억해두면 좋은 점들이 있다.

첫째, 계획만큼 운동하지 못했다고 자신을 혼내지 말자. 자기 행동에 늘 만족하는 사람은 없다. 한두 번 정도 반성하면 발전하는 데 도움이 되지만 끊임없이 죄책감을 가지고 곱씹으면 오히려 독이 된다. 아무리 내가 이렇게 말해도 자기객관화는 어렵기 때문에 자꾸만 스스로가 잘못한 것처럼 느껴질 수도 있다. 정말로 내 의지 부족이 문제인지, 실은 운동하기 어려운 상황이었는지 헷갈린다면 친한 친구의 일이라고 생각해보자. 친구가 나에게 이런 이야기를 한다면 어떤 조언을 할지 한번 가정해보자는 것이다. 예를 들어 친구가 회사에 상습적으로 지각해 해고당할 위기에 처한 데다 잦은 충동구매로 3개월 카드값이 밀리고 힘든 상황인데, 갑자기 운동을 해야 할 것 같아 비싼 1년치 회원권을 끊었다고 한다면 "잘했어. 너는 무조건 옳아. 이유가 있었겠지."라고 응원하지는 않을 것이다. 그러나 매주 3, 4회 운동을 하다가 이번 주는 야근을 나흘이나 해서 운동을 못 갔다는 친구에게는 "당연히 그럴 수도 있지."라고 다독이지 않겠는가? 판단이 어려우면 그렇게 약간의 거리를 두고 상황을 바라보는 것이 도움이 된다. 내 친구의 일이라면 난 뭐라고 조언을 할까?

둘째, 계획을 일부러 완벽하지 않게 지킬 수도 있다. 운동을 해서 발전이 생겼을 때 의도적으로 덜 해보기 훈련을 하는 것이다. 수업을 완벽히 따라가지 못할 걱정에 아예 가지 못하는 사람이라면 일부러 10분 지각하기를 시도해보자. 운동은 막상 하면 재미있지만 시작하기는 누구나 어렵기 때문에, 아예 지각할 생각으로 편하게 마음 먹고 가면 마음의 부담도 줄고 내 완벽주의도 깰 수 있다. Q씨도 줄넘기를 할 때 마치 990원, 혹은 29,990원을 내세우는 가격표처럼 넘은 횟수의 끝자리가 9가 될 때 멈추기를 시도해보았다. 몇 번은 넘어야 한다는 강박을 없애기 위해서 199번에서 멈추기. 마지막 한 번이 안 채워졌어도 199번을 넘었다는 것이 더 중요하다. 비슷하게는 4.9킬로미터에서 달리기를 멈추는 방법도 있다. 그렇게 해야 머리가 마음대로 세운 목표 때문에 몸이 고생하는 것을 막을 수 있다. 숫자란 그저 사람들 간의 약속일 뿐이다. 운동을 많이 한다고 무조건 좋은 것이 아니다. 멈출 때를 알아야 오래 할 수 있기 때문에 일부러 완벽하지 않게 하는 것도 강박에서 자유로운 시간을 누릴 기회를 준다.

셋째, 운동의 종류를 정할 때는 가장 심한 강박은 허용하고 자잘한 강박은 극복할 수 있는 환경이 좋다. 나도 Q씨에게 개인정보 유출의 위협을 극복해야 하니 헬스장을 계속 다니자고 강요하지 않았다. 운동을 하는 것만으로도 대단한데, 기존의 자기 틀을 다 포기하게 할 수는 없다. 그 대신 핵심 증상이 아닌 숫자 세기나 대칭강박 등은 무시해보기로 했다. 반대로 숫자에 대한 강박이 핵심 증상이라면 내 행위를 횟수로 카운트하지 않는 구기 종목이나 춤 같은 운동이 좋다. 위생 강박이 심해 땀에 젖은 것을 못 견디거나 자기 몸에서 냄새가 날까 두려워하는 사람이라면? 운동하는 동안은 참아야겠지만, 끝난 직후 샤워 시설에 접근이 불가능해 대중교통에서까지 그 괴로움을 견디도록 하는 것은 가혹하다. 운동을 계속하려면 현실적인 대안이 필요하다.

삶은 원래 계획대로 되지 않는다. 그러니 애초의 생각대로 되지 않는다고 너무 걱정하지 말자. 계획보다 덜 해도 안 하는 것보다 나은 것이 운동이며, 계획대로 살지 않아도 괜찮은 삶을 경험하기 위해서 우리는 운동을 하는 것이다.

"남들의 시선이 두려워도 할 건 한다!"를 연습하자

사회불안장애는 사람들의 시선이나 부정적인 평가가 두려워 사회적 상황을 회피하는 정신건강 문제다. 물론 누구나 낯선 사람, 어려운 자리, 많은 이들 앞에서 하는 발표는 떨린다. 사회불안장애는 그 정도가 너무 심해 사회생활에 지장이 생길 정도다. 불안 때문에 얼굴이 빨개지고 목소리가 염소처럼 떨린다. 증상만 놓고 보면 옛 용어인 '대인공포증'이 더 직관적으로 와닿을 수도 있다.

　사회불안장애는 대개 10대 시절에 시작된다. 남들 앞에서 창피당한 기억이 씨앗이 되는 경우가 많지만, 단 하나의 사건만으로 생기지는 않는다. 타고난 예민한 기질과 환경이 합세해 생활을 방해할 정도로 거대한 불안 장벽을 만든 것이다. 원인이 무엇이든 중요한 건 현재다. 지금 사람들을 만날 때마다 두려워 숨는 게 문제니까. 치유의 핵심은 피하지 않는 것이다. 오해하지 말자. 두려워하지 않는 것이 아니라 두려워도 피하지 않는 것이다. 즉, 상담을 받으며 "남들은 당신에게 관심이 없어요."라는 의사의 말을 듣고 고개를 끄덕이며 깨닫는 순간 낫는 게 아니다. 심장은 터질 듯 뛰고, 얼굴은 홍당무가 되고, 목소리는 기어들어가도 "어? 죽을 것처럼 떨렸는데 그래도 발표를 끝까지 해냈네?"라는 경험이 쌓여야 한다. '떨지 말자!'가 아니라 '떨어도 할 건 한다!'로 목표를 수정해야 한다. 못해도 괜찮다는 억지 위로가 아니다. 긴장하는 것과 못하는 것은 전혀 다르다. 떨면서도 해내면 그건 성공이다.

　물론 처음부터 최종 퀘스트를 깰 수는 없다. 면접이나 중요한 발표는 레벨이 너무 높다. 대형 판매점에서 점원에게 물건 위치를 묻거나, 모르는 사람에게 길을 묻는 것부터가 훌륭한 미션이다. 운동도 마찬가지다. 사회불안장애가 있는 사람이 처음부터 사람 바글바글한 그룹 운동 공간에 들어간다면 실패할 확률이 높다.

30대 초반 W씨는 취업 준비생이다. 이력서는 잘 쓰는데 사람 대하는 것이 무서워 면접장을 못 간다. 헬스장이나 요가원에 가면 남들 시선이 느껴져 식은땀이 나고, 병원 대기실에서 누군가와 마주 앉는 것도 힘들어 진료 시간 직전에야 병원 문을 열고 들어온다. 어떤 운동을 해볼지 고민하다 스플릿(다리 찢기) 학원을 알게 되었지만, 거기까지 가는 것이 무서웠다. 그래서 집에서 홈트를 시도했으나 인터폰으로 층간소음 항의를 받았고 가슴이 벌렁거려 그날은 잠도 못 잤다. 결국 W씨는 방문을 걸어 잠그고 스플릿 학원의 유튜브 강의를 보며 혼자 연습을 했다. 누가 자세를 봐주지도, 칭찬해주지도 않는 고독한 방구석 훈련. 결국 W씨는 3개월 만에 미들 스플릿(다리 양옆으로 찢기)이 가능해졌고, 6개월 후에는 프런트 스플릿(앞뒤로 찢기)까지 해냈다.

2년간 아무리 다리를 찢어대며 연습해도 뻣뻣한 내 입장에서는 W씨가 부러웠다. 스플릿은 단지 유연성만의 문제가 아니다. 척추, 어깨, 무릎, 햄스트링의 근력이 고루 받쳐줘야 가능하다. 그런 면에서 매일의 연습을 통해 모든 방향이 가능해진 W씨는 대단했다. 비록 사람 대하기라는 가장 어려운 숙제는 못 했어도, 나와의 싸움이라는 다른 숙제는 잘해낸 것이다. 나는 W씨에게 이 능력을 써먹을 수 있는 곳으로 가자고 했다. 요가, 발레, 태권도, 춤 등 여러 가지 선택지가 있었고, 발레교습소의 분위기가 내향적이고 조용한 W씨의 온도와 맞아 적응하기 좋을 것 같았다. 이미 다리가 일자로 찢어지는 상태로 취미 발레를 시작하니 실력이 쑥쑥 늘었고, 선생님과 회원들의 칭찬 세례를 받았다. 그 긍정적인 경험으로 자신감이 쌓인 W씨는 드디어 면접장에 갈 용기를 얻었고, 취업에도 성공했다.

어느 날 W씨가 물었다. "선생님, 학원에서 연말 공연 제의를 받았는데 너무 긴장돼요. 이걸 극복하고 무대에 서야 완전히 낫는 걸까요?" 나는 단호하게 대답했다. "꼭 하고 싶으면 몰라도, 굳이 안 나가도 괜찮습니다." 운동은 W씨의 건강한 삶을 위한 도구일 뿐이다. 취업해서 사회생활을 하고 있다면 치료의 목적은 이미 달성했다. 굉장히 외향적인 '인싸'가 되어야만 사회불안장애가 완치되는 게 아니다. 본인의 생활에 필요한 만큼만 하면 된다. 헬스장에서 묵묵히 운동한 것만으로 이미 훌륭하다. 굳이 바디프로필까지 안 찍어도 된다. 배드민턴 동호회에서 사람들과 섞여 있는 것만으로 대단한 것이지 뒤풀

이까지 따라가서 분위기는 안 맞춰도 된다. 선택권을 내가 갖게 되는 것, 그것이 회복이다. '무서워서 못 나가는 나'가 아니라 '안 나가기로 선택한 나'가 되면 된다. 바로 이 지점에서 '극복해야 할 사회불안장애'와 '기질로 안고 살아도 괜찮은 내향성'이 구분된다.

사회불안장애 환자들은 타인의 표정을 읽는 데 많은 에너지를 할애한다. 문제는 오독misreading이다. 연구에 따르면 이들은 타인의 무표정을 화난 것이나 비난으로 해석하는 경향이 있다. 기억하자. 저 사람의 뚱한 표정은 나 때문이 아니다. 그냥 어제 야근해서 피곤한 거다.

비슷한 맥락에서 운동을 배울 때 못한다고 주눅 들지 말자. 우린 서비스를 이용하는 고객이다. 돈을 냈으니 갑질할 자격이 있다는 게 아니라, 운동을 못하는 상황에 당당하라는 뜻이다. 학생이란 원래 한없이 부족해야 가르치는 사람의 존재 의미가 있다. 내가 못하니까 선생님이 돈을 번다. 그룹 수업에서 나만 못 따라가 민폐라고? 천만에. 그럴 때 선생님들은 속으로 '아이고, 저 회원님 혼자 못해서 의기소침해지면 어쩌지? 그만두면 안 되는데.'라고 걱정한다. 나는 선수가 아니다. 수강료 잘 내고, 안전 수칙 지키고, 시간 외 노동 등 무리한 요구를 하지 않으면 나는 최고의 모범 회원이다. 절대 쫄지 말자. 내가 못한다고 싫어하는 티를 낸다면? 그건 내 잘못이 아니라 강사의 인성 문제다.

1:1 PT를 받는다면 더 당당해져도 된다. 트레이너는 내 몸을 파악하고 계획을 수정해줄 의무가 있다. 다만 재등록이나 이벤트 프로모션 영업을 거절하는 게 힘들 수는 있다. 특히 나에게 잘해준 선생님이 권하면 더더욱. 사회불안이 심한 사람들에게 거절의 기술은 하나다. 내가 거절에 서툴다는 걸 인정하고 결정의 순간을 미루는 것이다. 그 자리에서 안 한다고 대답하기 힘들다면 무조건 이렇게 말하고 도망치자. "아, 네. 집에 가서 스케줄 좀 확인해보고 알려드릴게요!" 이불 속에서 곰곰이 생각해본 뒤에도 하고 싶으면 그때 결정해도 늦지 않다. 하기 싫으면? 문자로 정중하게 거절하면 된다. 얼굴을 보지 않고 하는 거절은 훨씬 쉽다.

사회불안장애라고 해서 사람들을 피해 다니느라 운동을 못 할 이유도 없고, 운동으로 극복하겠다고 무리해 나설 필요도 없다. 중요한 것은 내가 지금 서 있는 자리, 사람을 만나며 생기는 긴장을 인정하고 하고 싶은 대로 움직이려는 의지이다.

트라우마, 몸에 새겨진 기억 덮어쓰기

머리로만 하는 기억보다 몸까지 쓰는 기억이 훨씬 오래 간다. 신체 움직임을 동반한 기억이 더 견고한 까닭은 우리 뇌가 정보를 처리하고 저장하는 방식 덕분이다. 지식을 습득하는 서술기억declarative memory은 의식적으로 회상하고 말로 설명할 수 있는 '무엇'에 대한 기억이다. 이때는 주로 해마가 사용된다. 반면 절차기억procedural memory은 '어떻게'에 대한 기억으로, 반복적인 학습을 통해 대상을 몸으로 익히는 과정에서 소뇌, 기저핵, 운동 피질이 동원된다. 뇌의 많은 영역이 동원될수록 기억을 저장하기 좋다. 시험을 앞두고 공부할 때 눈으로만 내용을 읽는 것보다는 소리 내서 발음하고 손으로도 쓰면 더 쉽게 외워지는 이치다. 나중에 기억을 다시 꺼낼 때도 단서가 다양해서 쉽게 인출할 수 있다. 요리책을 열 번 넘게 읽는 것보다 한두 번 직접 해보면 기억에 더 잘 남는다. 재료가 익어가며 변하는 모습, 새로운 냄새 같은 감각뿐만 아니라 서랍 맨 아래 칸 양념통을 꺼내기 위해 허리를 굽힐 때 햄스트링이 당기는 느낌, 프라이팬을 든 전완근의 묵직한 감각 등 근육을 총동원해서 기억하기 때문이다.

안타깝지만 나쁜 기억의 경우에 몸의 기억은 훨씬 오래간다. 요즘에는 '트라우마'라는 용어가 너무 자주 쓰여서 단순히 나쁜 기억과의 경계가 모호해졌지만, 원래 트라우마는 충격적인 수준을 넘어 생명을 위협받을 정도의 사건을 겪은 경우를 가리킨다. 그런데 생명의 위협이라는 것도 범위가 참 넓다. 아이에게는 부모의 무관심으로 버려질 수 있다는 공포 자체가 생존에 위협이 되니까 말이다. 그래서 어떤 사건을 겪었냐뿐 아니라 지금의 내가 과거의 사건에 어떻게 반응하느냐도 중요하다.

주디스 루이스 허먼의 『트라우마』(사람의집, 2022)에 따르면 심한 트라우마 환자들은 과거와 현재가 뒤섞인다. 분명 과거에 종료된 사건인데, 머릿속에서는 끝나지 않은 것이다. 지나간 일을 마치 지금 일어나고 있는 일처럼 인식한다. 베셀 반 데어 콜크의 『몸은 기억한다』(을유문화사, 2020)의 메시지도 같다. 트라우마는 몸의 기억으로 우리 안에 새겨져 있기 때문이다. 생명의 위협을 받으면 우리 몸은 투쟁-도피-경직fight-flight-freeze 반응을 자동적으로 일으킨다. 생존을 위해 아드레날린과 코르티솔을 뿜어내고, 근육을 긴장시키며, 심박수를 올리는 신체적 절차가 진행된다. 이 생존 절차는 몹시 강렬해서 뇌의 운동 및 감각 시스템에 한 번에, 매우 깊게 각인된다.

절차기억으로 고착되는 것이다. 반면 서술기억은 조각나서 산산이 흩어진다. 그래서 트라우마 경험을 말로 잘 설명하지 못하는 일은 흔하다. 이미 지나간 일이라는 사실을 머리로는 알면서도 몸은 마치 과거에 갇힌 것처럼 여전히 두근거리고, 쉽게 놀라고, 어지러워한다. 기억은 단순히 데이터의 조각이 아니다. 그 기억이 형성될 당시의 신체 상태와 감각 경험까지 하나의 패키지로 함께 저장된다.

"기억을 지울 수 있는 방법은 없나요?" 불가능한 걸 알면서도 다들 묻는다. 기억은 지울 수 없다. 그 대신 덮어쓸 수는 있다. 망각forget은 안 되어도 용서forgive가 가능하다. 지우개로 무리해 지우려다가는 도화지가 찢어지니 새로운 기억으로 덧칠하자는 의미이다. 가해자를 용서하라는 뜻도 아니다. 끔찍한 일을 겪게 만든 운 나쁜 상황을 용서하고, 괴로운 일을 당한 자신을 해방시키기 위해 새로운 기억을 만들자는 것이다. 뉴런 간의 새로운 연결을 만들어서 말이다. 나쁜 과거를 잊으려고 애를 쓸수록 바로 그것에 관심을 두는 셈이라 더 잊히지 않는다. 트라우마는 몸의 문제다. 그래서 새로운 몸의 기억으로 덮어야 한다. 머리는 그 일이 있었다는 사실 자체를 부정하진 못한다. 잊는 것이 아니라, 잊지 않고도 잘 사는 것이 우리의 목표다.

　Y씨는 친부의 가정폭력을 수없이 목격했고, 가족 중 유일하게 맞지 않았던 자신은 그 대신 지속적 성추행으로 "강제 합의"를 당했다. "학교에는 저같이 가정에서 위축된 아이들을 기가 막히게 알아보고 괴롭히는 애들이 꼭 있죠." 가정폭력에 이어 학교폭력의 피해자였던 그는 이 모든 과정을 방관하며 "원래 다른 집들도 다 이래. 어디 가서 티 내서 날 힘들게 하지 마라."라고 말하는 친모를 가장 미워하는 어른이 되었다. 그런 환경에서도 Y씨는 원하던 전문직이 되어 주 3일만 일해도 여유가 있는 삶을 살게 되었다. 수년간 약물치료, 개인상담, 집단상담, 최면치료, 정신분석, EMDR, TMS 등 안 받아본 치료가 없었다. 유명한 의사와 심리상담사를 여럿 거쳤고 트라우마 관련 서적은 나보다 더 많이 읽었을 정도다. 익명으로만 처리된다면 자기 사례를 책에 써도 된다면서, 다른 환자들도 이런 이야기를 수없이 한다는 것을 알고 있다며 남의 일처럼 말했다. 하지만 그렇게 잘 알고 열심히 치료받은 Y씨도 몸이 아팠다. 자주 배가 아팠고 두통이 찾아왔고 잠을 잘 못 잤다. 그 기억들이 구체적으로 떠오르지 않는 순간에도 말이다.

　자다 깨는 것은 의지로 막을 수 있는 부분이 아니니

악몽을 막고 숙면을 돕는 약을 일단 먹자고 했다. 약을 먹는 건 패배가 아니다. 밤은 약에게 좀 맡기고, 낮에 어떻게 더 잘 살아갈지를 고민하기로 했다. 결국 몸에 새겨진 기억에 다른 무언가를 덮어씌우려면 몸을 움직여야 한다. 30대 초반이라는 나이에 걸맞지 않게 늘 근육통과 소화불량에 시달린다는 건, Y씨의 자율신경계가 뒤틀려 언제든 공황이 올 준비가 되어 있다는 뜻이다. 트라우마에 동작치료가 효과적이라는 논문을 근거로 대자 Y씨도 수긍했다. 하지만 달리기나 헬스 모두 재미없다는 Y씨에게, 당시 내가 하던 킥복싱을 소개하며 다양한 방향을 고려해보라고 권했다. Y씨가 스스로 택한 것은 케이팝 방송댄스였다.

트라우마의 흔적을 안고 사는 사람들은 늘 긴장 상태이다. 전쟁 같은 기억 때문에 자율신경계가 교감신경 우위에 있다. 별 자극이 없는 평온한 순간에도 또 어떤 공격을 당할지 모르니까 쉬지 못한다. 전쟁이 끝난 것을 머리로는 알지만 몸은 언제든 도망가거나 싸울 준비를 하고 있다. 달리기, 수영, 춤, 요가처럼 호흡이 규칙적이고 움직임이 반복적인 운동은 신경계를 안정시키는 효과가 크다. 특히 리듬이 있는 움직임은 뇌간을 포함한 자율신경계에 "지금은 예측 가능하고 안전한 상황"이라는 신호를 보낸다. 트라우마의 특징인 혼돈과 정반대의 경험을 하는 것이다. 이 과정을 통해 몸은 새로운 절차기억을 학습하고, 그것이 옛 기억 위에 덮인다.

지금의 움직임은 위험에서 도망치기 위한 것이 아니다. 의도적인 움직임이다. 내가 스스로 선택해서 하는 것이다. 심박수 조절, 근육의 이완과 수축, 호흡을 내가 주도한다. 건강한 대안이 되는 몸의 습관을 만드는 과정이다. 새로운 절차기억은 금세 생기지 않지만, 여러 번 반복하다 보면 새 기억이 힘을 키우게 된다. 불안 신호가 올라올 때 뇌와 몸이 과거의 공포 회로 대신 새로 학습된 안정화 회로를 따라갈 수 있다. 춤을 익히는 건 단순히 동작의 순서 암기가 아니다. 근육의 느낌, 균형, 공간 감각 전체를 다시 활성화하는 과정이다. 언제 멈출지, 얼마나 빨리 움직일지 나 스스로 결정한다. 이 단순한 경험을 반복하면서 '내가 내 몸의 주인이며, 통제할 수 있다'는 감각을 회복한다.

운동과 춤은 기분을 좋게 만드는 것을 넘어, 신경계 수준에서 트라우마 반응 회로를 재조율한다. 몸이 뇌로 보내는 상향식 신호를 강화하는 것이다. 이는 뇌가 결정하고 몸이 따르는 하향식 신호만큼이나 중요하다. 무력감을 유능감으로 대체하는 새로운 몸의 기억. 그것을 통해 우리는 갇힌 생존 에너지를 해소하고, 비로소 통제감을 되찾을 수 있다. 아무리 그래도 잊히지는 않는다고? 그래봤자 큰 손해는 아닐 테니, 몰입할 움직임을 찾아나서보는 것은 어떨까?

갈피 잃은 뇌를
다시 깨우는 몸의 움직임

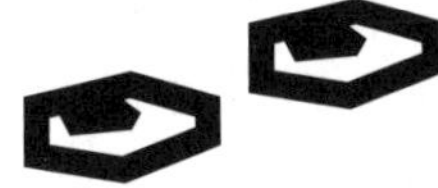

ADHD는 '시작이 반' 대신 '지속이 전부'

서른 살의 L씨는 얼마 전 주의력결핍과잉행동장애, 즉 ADHD를 진단받았다. ADHD는 신경전달물질의 불균형으로 생기는 신경발달장애라서 어릴 적부터 과잉행동, 부주의, 산만, 충동성 등의 증상이 나타난다. 단순히 산만하거나 집중에 어려움을 겪는 정도를 넘어, 생애 발달 과정에 따라 다양한 증상이 여러 환경에서 지속되어 생활에 문제가 되는 경우 진단한다. L씨도 어릴 때 학교에서 늘 멍하니 있고 물건을 잃어버려서 종종 혼이 났지만 성적이 나쁜 것은 아니었다. 당시만 해도 ADHD가 아동 위주의 질환이고 크면 자연히 좋아진다는 의식이 퍼져 있었던 데다 정신건강의학과에 대한 인식도 안 좋아서 아무도 병원에 데려가지 않았다. 다행히 취직은 했어도 돈 관리를 못하다 보니 돈을 모을 수가 없었다. 어려운 일은 잘해내는데 막상 쉬운 일에서 실수가 반복되니 성의가 없다는 오해를 받았다.

ADHD의 증상은 여러 가지라서 L씨라고 모든 증상을 겪는 것은 아니다. L씨의 증상 중에는 몸의 움직임과 관련된 것도 있다. L씨는 ADHD 치고 과잉행동이 심한 편도 아닌데 어렸을 적 뼈가 여러 번 부러졌다. 성인이 된 지금은 그 정도는 아니지만, 자기도 모르는 사이 어딘가에 부딪혀 멍이 잘 들고 남의 발을 자주 밟는다. ADHD 환자는 환경이나 감각 자극을 받아들이는 방식이 남들과 조금 달라서 공간지각능력뿐만 아니라 내 몸의 위치를 느끼는 고유감각에 미세한 이상이 있는 경우가 많다. 그래서 ADHD의 운동에서 가장 중요한 첫 번째 원칙은 안전이다. 충동성이 높은 데다 주변을 살피는 능력이 떨어져 내 능력을 과대평가하기 쉽기 때문이다. 정확히 말하면 과제 난이도에 대한 과소평가다. 남들이 볼 땐 슬로프 경사가 급한데도 "별거 아닌데?" 하며 스키를 타거나, 헬스장에서 중량을 과하게 높이거나, 자전거를 타면 돌아오기 힘든 거리까지 무작정 가버린다. 그러니 절대로 무리하지 말고, 기록을 통해 내가 얼마나 할 수 있는지 객관적으로 확인하는 습관이 중요하다.

"시작이 반"이라는 말이 통하지 않는 사람들이 있다면 ADHD 환자들이다. 충동성이 '일단 해보자'는 추진력으로 작용하는 이들에게 시작은 대체로 쉽다. 하지만 이들에게는 한 직장에 오래 있는 것도 연애를 지속하는 것도 쉬운 일이 아니고, 당연히 운동도 꾸준히 하기가 어렵다. 어떤 운동이든 지루함을 참고 견뎌야 하는 순간이 온다. 즉각적인 보상을 주는 게임과 달리 운동은 땀을 흘리는 고된 시간을 뚫고 도파민을 캐내야 한다. 그래서 ADHD 환자에게는 '일단 그냥 계속하기'가 가장 어렵고 중요하다. 운동이라도 꾸준히 해내면 스스로 뭔가를 참고 계속하고 있다는 사실을 인지하는 순간이 오고, 바로 그때 자존감이 높아진다.

ADHD의 인지행동치료에서 핵심은 자신에 대한 기대치를 낮추는 것이다. "난 못난 인간이야."라고 자책하라는 뜻이 아니다. 나의 부족함을 인정하고 다음과 같이 대비책을 세우자는 것이다. "나는 지갑을 잘 흘리니 식당에서 일어날 때 한 번 더 확인하자." "나는 약속을 잘 까먹으니 스마트폰과 다이어리에 이중으로 적어두자."

물건을 잃어버리고 약속을 잊는 이유는 아무런 조치 없이도 충분히 챙길 수 있다고 기대하기 때문이다. 확인하고 기록하는 것은 못난 사람이라는 증거가 아니다. 이렇게 기대는 낮추고 행동은 늘려야 생활의 빈틈이 적어져 결국에는 자존감도 높아진다. 운동도 마찬가지다. '나는 싫은 운동도 참고 몇 년간 할 수 있는 사람'이라고 너무 큰 기대는 하지 말자. 하다가 싫증날 경우에 대비해 초반에 많은 투자를 하지 말고 시간과 돈, 그리고 열정을 조금씩 할애해야 한다. 비싼 장비, 화려한 운동복, 1년치 수강권은 오히려 족쇄가 되고, 훗날 그 운동을 떠날 때 죄책감만 남긴다. 싫증을 잘 내고 시작보다 유지가 어려운 자신을 인정하자. 그에 맞춰 환경을 세팅해야 더 이상 나 자신에게 실망하지 않는다.

한 가지 운동을 석 달쯤 하다가 그만두면 또 어떤가? 운동은 서로 호환된다. 요가에서 배운 유연성과 근력이 발레를 한다고 아무런 쓸모가 없겠는가? 만약 전문 요가복, 요가링, 요가휠, 비싼 매트와 아로마오일까지 평생 할 것처럼 사두지만 않았다면 석 달 뒤 발레로 갈아타도 손해가 아니다. 지금 그 운동과 사랑에 빠진 자기 자신을 믿지 마라. 언제든 마음이 식어 다른 운동으로 갈아탈 수 있음을 인정해야 한다. 넘어지면 3년밖에 못 산다는 '삼 년 고개'에서 넘어진 사람이 근심 끝에 그곳으로 돌아가 여러 번 넘어지며 오래 살았다는 옛날이야기처럼, 넘어진 자리에서 또 일어나기를 계속하면 된다. 운동 종목이 바뀌더라도 '몸을 움직이는 행위'를 꾸준히 했다면 증상 완화에 도움이 된다.

꼭 몇 년을 진득하게 해야만 좋은 것이 아니다. 한 가지 운동을 1년만 해도 기적 같은 일이다. 등록 단위가 한 달이라면 일단 그 한 달만이라도 완주하자. 등록 기간이 길면 싸다는 유혹에 넘어가 6개월치 회원권을 끊고 흐지부지하느니, 단가가 올라가더라도 한 달 단위로 끊어서 성공의 마침표를 찍는 게 낫다. 석 달 등록하고 2개월 13일 만에 그만두어 17일치를 날리는 패배감은 맛보지 말자. 한 달씩 등록했으면 두 번이나 성공했을 기간이다. 짧은 목표를 세우고 그것을 달성해냈다는 성취감과 성공의 경험이 쌓여야 자기를 더 좋아하게 된다. 꿰어지지 않은 구슬처럼 산만하게 흩어진 일들 때문에 수없이 좌절했다면, 이제 운동에서는 작은 성공을 맛볼 때다.

ADHD에는 어떤 운동이 좋을까? 연구에 따르면 축구나 농구 같은 비대칭 운동보다 수영처럼 신체를 대칭적으로 움직이는 유산소운동, 혹은 폐쇄 스킬 트레이닝이 좋다고 한다. 폐쇄 스킬 트레이닝closed skill training이란 양궁, 사격, 골프처럼 환경 변화가 적고 정해진 동작을 반복하는 운동이다. 집중력 향상에 도움이 된다는 것이다. 하지만 내 생각은 좀 다르다. 양궁, 사격, 골프는 배우기에 비싸고 무엇보다 접근성이 낮다. 돈 관리 능력이 부족한 ADHD인들에게 초기 비용이 높은 운동은 위험하다. 또한 ADHD인들을 움직이는 데 필수적인 도파민이 돌려면 일단 재미가 있어야 한다. 정적이고 정교한 운동이 과연 흥미를 끌 수 있을까? 이론에서 효과적이라고 말하는 운동보다는, 내 형편에 맞고 내가 재미를 느끼는 운동이 최고다.

가끔 ADHD 치료제인 메틸페니데이트를 복용하면 운동이 더 잘된다는 분들도 있다. 이 약물은 도파민과 노르에피네프린을 조절해 집중력을 높이니 운동 수행 능력도 좋아질 수 있다. 나는 ADHD 치료 약물이 스스로 발을 구르지 못하는 사람이 그네를 탈 수 있도록 처음에 등을 밀어주는 역할을 한다고 생각한다. 약이 그네를 출발시켜줄 수는 있지만, 계속 그네를 움직이는 건 내 근육이다. 약이 직접 근육을 키워주지는 않는다. 메틸페니데이트는 각종 스포츠 대회에서 도핑 테스트에 걸리는 금지 약물에 해당한다. 달리 말하면 정말 운동 기능을 향상시킬 수도 있다는 뜻이다. 하지만 우리가 국가대표가 될 것도 아닌데, 운동 좀 잘해보겠다고 약을 늘릴 필요는 없다. 반대로 운동하는 날이라고 잘 먹던 약을 굳이 끊어서 부상 위험을 높일 필요도 없다. 우리의 목표는 신기록 달성이 아니라 안전하고 꾸준하게 운동하는 경험이다. 즐거울 땐 즐겁게, 지겨울 땐 그냥 하는 것. 약은 평소대로 복용하며 운동하면 된다.

치매 예방을 위한 가장 효과적인 처방

나이가 들어도 머리를 계속 쓰면 노화의 속도를 늦출 수 있다. 앉아서 책을 읽거나 수학 문제를 풀어야만 머리를 쓰는 것이 아니다. 머리를 쓰는 데 가장 중요한 것은 과거가 아닌 현재를 사는 자세다. 스스로 해보려는 태도로 살아가는 마음가짐이다. 나이가 들면 의존성이 높아지기 쉽다. 몸이 예전 같지 않으니 누군가 도와주길 바라고, 대접받는 것에 익숙해진다. 새로운 문물을 마주하면 "이런 걸 내가 어떻게 배우냐"며 지레 포기하기도 한다. 하지만 뇌 건강을 위해서는 이런 마음을 거슬러야 한다. 바로 오늘 내 눈앞에서 일어나는 일에 관심을 갖고 뛰어드는 것이야말로 머리를 제대로 쓰는 법이다. 헬스장에 새로 온 사람이 기구 사용법을 물어보면 알려줄 수 있고, 내 핸드폰의 새로운 기능을 익혀 활용하고, 읽어보니 좋았던 책을 친구에게 추천하는 것. 지금 당장 타인을 돕고 소통할 수 있는 능력이 바로 젊음이다. 이러한 능동적인 행동은 뇌에 강력한 상향식 신호를 보낸다. 몸이 뇌한테 자꾸 알려주는 것이다. "아직 쉴 때가 아닙니다. 할 일이 많아요!"

현재를 살려면 몸이 도와줘야 한다. 내 몸을 스스로 움직일 의지가 있어야 사람들도 만나고 복지관 프로그램에도 참여한다. 집을 나서서 지하철역까지 가고, 낯선 역에서 출구를 찾고, 예전에 가본 맛집 간판을 기억해내고, 친구의 말에 적절한 타이밍으로 맞장구치는 모든 과정이 뇌 훈련이다. 그런데 이 과정에서 숨이 차거나 몸이 아프면 곤란하다. 지팡이를 짚거나 보행보조기를 끌더라도 애써 땀 흘리며 움직이는 노인과 걸을 수 있는데도 소파에 누워 TV만 보는 노인의 뇌는 천지 차이이다. 그들의 미래도 다르다. 아이들이 기어다니고 걷기 시작하면서 뇌가 폭발적으로 발달하듯, 노년기에도 움직임이 곧 뇌의 기능과 직결된다.

정신건강의학과 의사로서 치매는 참 쉽고도 어려운 병이다. 치료제가 거의 없기 때문에 처방에 대한 고민이

적으니 역설적이게도 쉽다는 것이다. 레켐비처럼 치매의 진행을 막는 약을 쓸 수는 있으나 유전자 형태나 비용 면에서 제한이 많다. 그래서 일반적으로 누구나 비슷하게 치료한다. 현재 쓰이는 인지기능 개선제는 크게 두 종류다. 신경전달물질인 아세틸콜린이 줄어들지 않게 막는 약, 뇌세포를 파괴하는 글루타메이트(NMDA 수용체)의 과도한 자극을 조절하는 약이다. 여기에 보조적으로 콜린알포세레이트, 은행엽 등 뇌 영양제를 복용하지만, 그로 인해 눈에 띄게 좋아지는 환자는 10퍼센트도 채 되지 않는다. 냉정하게 말해, 의사인 내가 처방하는 그 어떤 약도 환자의 기대를 충족시키기엔 턱없이 약하다. 장기요양등급을 받아 데이케어센터 등의 프로그램에 참여해도 간신히 방어할 뿐이다.

그렇기에 단언컨대, 어떤 비싼 약이나 프로그램보다 치매 예방에 효과적인 것은 운동이다. 운동은 그 자체로 머리를 쓰는 복잡한 과정이다. 돌부리에 걸리지 않으려 바닥을 살피고 자전거의 균형을 잡는 동안 뇌의 수많은 영역이 불을 켜고 활성화된다. 특히 운동 효과가 가장 드라마틱한 시기는 바로 경도인지장애MCI 단계다. 건망증이 부쩍 심해지고 판단력이 흐려졌지만 아직 일상생활은 가능한 치매 전 단계. 이때 유산소운동을 꾸준히 하면 치매로 진행될 확률이 떨어진다. 비싼 영양제는 해외에서까지 직접 구매해 먹으면서 운동은 안 한다? 밑 빠진 독에 물 붓기다. '요즘 기억력이 좀 떨어지나?' 싶은 바로 그때가 운동의 가성비가 가장 폭발하는 시기다. 외국어 배우기, 바둑, 종이접기…… 다 좋지만, 뇌 혈류량을 늘리는 데 운동만 한 것은 없다. 가족들이 뇌 영양제를 사주지 않는다고 서운해할 필요가 없다. 가족 입장에서도 실낱같은 희망에 기대어 비싼 약을 구입해주는 것보다는 운동화를 선물하거나, 특히 운동을 접해보지 않은 어르신이라면 헬스나 요가, 필라테스 등의 개인 레슨을 받게 해드리는 편이 더 괜찮은 배려일 것이다.

의사인 나조차 처음에는 운동이 혈관을 튼튼하게 하니 혈관성 치매에 좋을 것이라고만 생각했다. 혈관성 치매는 뇌의 혈관이 막히거나(뇌경색) 터지면서(뇌출혈) 생기는 것으로, 치매 중 가장 흔한 알츠하이머병 다음으로 많다. 그런데 놀랍게도 운동은 장기 기억을 저장하며 알츠하이머병의 핵심인 해마의 부피를 키우기도 한다. 게다가 알츠하이머의 원인 물질인 베타아밀로이드가 쌓이는 과정에 관여해 발병 위험을 45퍼센트나 낮춘다니, 인체의 신비가 놀랍다.

우울증 약보다 치매 약이 훨씬 안 듣는다. 하지만 운

동의 효과로 보자면, 우울증보다 치매에서 예방 효과가 훨씬 더 확실하다. 중증 우울증 환자가 약이냐 운동이냐 고민할 때 나는 "일단 약 드시고 조금 좋아지면 그때 운동해도 됩니다."라고 권한다. 그런데 만약 초기 치매 어르신이 "난 죽어도 약 먹기 싫다"고 고집을 부린다면? 정 그렇다면, 뇌 영양제를 드시느니 매일 땀 나게 운동하는 쪽을 택하시라고 할 것이다. 물론 운동이 어려울 만큼 치매가 진행된 상태라면 어쩔 수 없겠지만, 그만큼 운동의 효과는 강력하다.

그렇다면 얼마나 해야 할까? 주 3회냐 매일이냐는 연구마다 다르지만, 공통점은 계단 오르기든 스트레칭이든 어느 정도 강도가 있어야 한다는 것. 고령이라고 살살하면 의미가 없다. 숨이 차고 땀이 날 정도로 해야 한다. 뇌는 무게가 전체 몸무게의 2퍼센트밖에 안 되지만 피는 20퍼센트나 쓰는 욕심쟁이 장기다. 심장이 힘차게 펌프질을 해서 머리끝까지 피를 쏘아올려줘야 뇌가 싱싱하게 유지된다.

물론 절대 원칙은 다치지 않는 것이다. 노년기에 부상으로 눕게 되면 인지기능은 수직 하락한다. 80대에도 운동을 시작하면 뇌를 지킬 수 있다는 연구가 있지만, 안 다치고 무사히 했을 때 이야기다. 특히 골다공증이 있다면 살짝 부딪히거나 넘어져도 뼈를 다치기 쉬우므로 정기검진과 치료를 병행하며 조심해야 한다.

70대부터도 새로운 운동을 배워서 완벽하게 익힐 수 있다. 속도가 느려도 완벽하게 익히는 것에는 문제가 없다. 경도인지장애를 앓고 있어도 반복학습을 통해 새로 배우기도 한다. 다만 어떤 운동이든 초보자는 부상 위험이 높다. 통계적으로도 웨이트트레이닝의 경우 시작 한 달 이내의 부상률이 30퍼센트가 넘는다. 하던 운동을 나이가 들어도 계속하는 것과 노년기에 새롭게 배워서 하는 것은 큰 차이다. 그래서 '어떤 운동을 해본 사람'으로 늙어가면 좋다. 몸으로 익힌 기억(절차기억)은 치매가 와도 가장 마지막까지 남는다. 젊을 때 자전거, 수영, 헬스를 경험해본 사람은 노인이 되어서도 금방 다시 한다. 젊을 때 다양한 운동을 해두는 것, 그것이 가장 확실한 노후 연금이자 뇌 보험이다.

질 나쁜 도파민에 중독된 마음

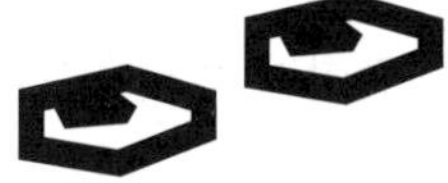

폭식, 다이어트, 그리고 운동

폭식은 식이장애로 분류되지만, 넓게 보면 중독의 한 종류다. 중독은 대상에 따라 두 가지로 나눌 수 있다. 알코올, 마약, 니코틴처럼 화학물질이 뇌를 변화시키는 물질중독, 그리고 도박이나 게임처럼 특정 행동에서 오는 쾌감에 매달리는 행위중독이다. 그렇다면 폭식은 어느 쪽일까? 탄수화물에 중독되어 혈당이 오르는 쾌감을 좇으니 물질중독이라는 주장도 있고, 먹는다는 행위 자체에 집착하니 행위중독이라는 주장도 있다. 어느 쪽이든 폭식 치료가 어려운 진짜 이유는 따로 있다. 중독 치료의

제1원칙은 완전한 단절이기 때문이다. 조금만 줄여보겠다며 타협하려는 마음을 버리고 내가 혼자 힘으로 조절할 수 없는 상태임을 인정하는 것이 치료의 시작이다. 그래서 알코올 중독이라면 술을 완전히 끊으면 되지만, 폭식증이라 해도 음식을 완전히 끊을 수는 없다. 끊으면 죽는다. 매일 마주쳐야 하는 대상과 적당한 거리를 유지해야 하니 난이도가 더 높을 수밖에 없다.

중독 치료의 핵심은 내 의지를 믿지 않는 것이다. "술자리에만 가고 술을 마시지는 않을 거야." "도박은 딱 10만 원어치만 해야지." 이런 다짐들은 실천이 불가능하다. 인간은 유혹 앞에 나약한 존재다. 이 점을 인정하고 내 의지를 굳이 시험대에 올리지 말아야 한다. 특히 혼자 사는 사람들에게 음식 배달 어플은 폭식의 주범이다. 너무 편리하게 잘 설계되어 몰랐던 맛집까지 추천해주는 어플을 깔아놓고 정말 필요할 때만 쓰겠다고 다짐하는 건 스스로 하는 고문이나 다름없다. 매 순간 유혹과 싸우며 에너지를 낭비할 필요가 있을까? 가장 좋은 방법은 그냥 삭제하는 것이다. 영원히 못 까는 것도 아니니, 며칠 뒤 의지가 약해져 다시 설치하더라도 일단 없는 시간을 가져보는 게 중요하다.

그래도 정말 먹고 싶은 음식이 있다면? 직접 걸어가

서 가져올 수 있다면 먹어도 된다고 허락해주자. 뇌는 뭘 하지 말라는 부정 명령보다 해도 된다는 긍정 명령을 더 잘 듣는다. "배달 음식 절대 금지!"라고 자꾸 뇌에게 명령하면 오히려 더 먹고 싶어진다. 그러니 규칙을 바꾸자. "걸어가서 포장해올 정성이면 먹을 자격이 있다." 바디프로필 촬영이나 격투기 체급 조절 같은 특수한 상황을 앞둔 것이 아니라면, 사람은 잘 먹어야 잘 산다. 귀찮음을 무릅쓰고 사 올 정도면 진짜 먹고 싶은 게 맞다. 게다가 걸어서 다녀온다면 내가 손으로 들고 움직일 수 있는 만큼만 사 올 수 있다. 최소 주문 금액을 채우기 위해 과하게 많은 음식을 주문하지 않아도 된다. 대부분의 가게는 포장할인도 된다.

폭식으로 체중이 늘어난 분들이 자주 하는 말이 있다. "살쪄서 무릎이랑 발목이 아파요. 일단 살 좀 빼고 나서 운동할게요." 물론 과체중 상태에서 하는 운동은 더 힘들다. 운동을 하기 시작하면 가만히 있을 때보다 관절에 부담이 더 많이 간다. 그로 인한 미세 손상으로 염증이 심해지면 활동량이 줄어들어 체중이 더 늘어날 수 있다. 지방이 염증물질을 뿜어내 관절을 녹인다. 또 체중 감량이라는 전쟁에서는 식이 조절이 최전방 부대이고, 운동은 후방의 보급 부대에 가깝다. 운동만으로 살이 쭉 쭉 빠지지는 않는다. 하지만 운동은 요요 현상이라는 적을 막아내는 결정적인 역할을 한다. 근육이 늘면 숨만 쉬어도 나가는 에너지, 즉 기초대사량이 늘어나고, 자연히 살을 뺀 후에도 원래 몸으로 쉽게 돌아가지 않는다. 그러니 나중에 살을 빼고 나서가 아니라 바로 지금 식이 조절과 운동을 같이 시작해야 한다. 거창한 것이 아니어도 좋다. 앞서 말한 '먹기 위한 걷기'부터 시작해보자. 소량씩 직접 장을 보고, 맛집까지 걸어서 다녀오는 수고로움을 통해 음식과 건강한 관계를 다시 맺는 것이다.

운동으로 살이 빠지지 않으면 조급한 마음에 식욕억제제를 찾는 경우가 많다. 과거에 많이 쓰던 펜터민이나 마황 성분의 약은 정신자극제 계열이다. 뇌를 강제로 흥분시켜 입맛을 떨어뜨리는데, 부작용으로 가슴 두근거림, 불면, 어지러움, 심하면 이인증(내가 아닌 듯한 낯선 느낌)을 겪기도 한다. 조현병으로 오해받을 만한 환청이나 환시를 겪는 경우도 있다. 더 무서운 건 끊었을 때다. 투약을 중단하면 뇌가 지쳐서 브레인포그, 심한 무기력을 겪거나 식욕이 폭발한다. 그래서 다시 약을 찾게 되는 악순환에 빠진다.

최근 유행하는 세마글루타이드(위고비), 터제파타이드(마운자로) 같은 주사제는 정신자극제보다는 안전하고 오래 복용해도 내성이 없다. 하지만 치명적인 단점이 있으니, 바로 비용과 요요 현상이다. 효과는 확실하지만 약을 끊으면 식욕이 원래 또는 그 이상으로 돌아온다. 평생 그 비싼 약을 맞을 수 있는 재력가가 아니라면 결국 유지를 위한 수단은 운동뿐이다. 식욕억제 주사를 맞는 경우도 그 비용이 아깝지 않으려면 투약과 동시에 운동을 시작해야 한다. 약의 도움을 받아 건강한 습관을 몸에 익히는 것이 비만이나 폭식으로부터 궁극적으로 회복하는 길이다.

운동은 O, X 문제가 아니다. 식욕억제제를 먹기 시작해서 힘이 없다면 20분이라도 걷자. 비만 상태라 격한 운동이 겁난다면 가벼운 산책부터 하면 된다. 살 먼저 빼고 나서 운동해야겠다는 생각은 버리자. 식이 조절과 운동은 양자택일이 아니다. 반드시 함께 가야 하는 평생의 파트너다.

알코올과 마약의 유혹 앞에 운동이 줄 수 있는 것

알코올이나 마약 같은 물질중독이 도박 같은 행위중독과 결정적으로 다른 점은 바로 신체적 금단 증상이다. 매번 내 몸에 들어오던 그 독한 물질이 끊기면 몸이 화들 짝 놀란다. 이건 마음가짐과는 무관한 생물학적 반응이다. 도박을 끊은 후 손떨림이나 공황 증상이 생긴다면 빚 독촉이나 죄책감 같은 심리적 스트레스 때문일 가능성이 크다. 하지만 술을 끊었을 때 나타나는 손떨림, 식은 땀, 경련, 환시는 철저히 몸의 문제다. 아무리 굳게 마음을 먹어도 몸의 반응을 의지로 막을 순 없다. 이 고통스러운 금단 증상을 없애는 가장 쉬운 방법은 아이러니하게도 다시 술이나 약을 입에 집어넣는 것이다. 그러면 당장은 떨림을 비롯한 신체증상은 멈춘다. 하지만 그때 뇌에서는 역시 술이나 약 없이 못 산다는 확신이 강해지고, 그렇게 다시 중독의 늪으로 빠진다.

인간은 주변 환경의 영향을 끊임없이 받는다. 술과 약에서 벗어나 운동을 하려면 이 점을 이용해보자. 술자리까지 가서 술을 안 마시는 것은 어렵고, 술 한 잔을 마신 상태에서 두 잔을 마시지 않는 것은 더욱 어렵다. 반대로 운동할 수 있는 환경에 처했는데 운동을 안 하기는 마찬가지로 어렵다. 5년째 술을 입에 대지 않은 E씨는 한때 입원도 했던 알코올 중독 회복자였다. 나에게 진료를 받기 시작했을 때는 이미 운동이 습관으로 자리 잡은 상태였다. 입원했던 병원의 주치의 덕분에 운동 습관을 잡게 되었다고 한다. 주치의는 술 생각이 날 때마다 도망갈 곳이 필요하다고 했다. 3개월여의 입원 끝에 퇴원한 E씨의 집 주변에는 다행히도 밤늦게까지 여는 헬스장이 있었다. E씨는 그 헬스장으로 도망가기로 했다. 치료를 위한 것이므로 운동을 잘하자는 부담은 갖지 않기로 했다. 초반에는 헬스장에 가서도 운동은 하나도 하지 않았다. 일단 거기까지 가는 것 자체가 큰일이었다. 가는 길에 편의점이 있어서 그냥 소주나 사러 들어갈까 수백 번 갈등했다. 마침내 헬스장 문을 열고 들어가기까지가 무엇보다 어려웠다.

중독자들은 100 아니면 0이라는 식의 극단적인 태도를 보인다. 운동에 대해서도 마찬가지다. 확실히 해야만 하는 것이고 아니면 아무 소용이 없다는 생각을 한다. 초반부터 "매일 1시간 러닝" 같은 고난도 문제를 풀려고 하지 마라. 게다가 술이나 담배, 약에 찌든 몸은 당신 생각보다 훨씬 지쳐 있다. 특히 알코올 중독은 우리 몸의 해독 공장인 간의 기능을 떨어뜨린다. 알코올의 독소를 빼내느라 이미 과부하가 걸린 간에게 무리한 운동으로 생기는 피로물질인 젖산까지 떠넘기면 간은 파업해버린다. 2, 3주 정도 지나 간 기능이 회복될 때까지 기다려줘야 한다. 건강해지려고 술을 끊었는데, 운동하다 병나면 억울하지 않은가. 그러니 초반에는 출석에 의의를 두자. E씨처럼 헬스장에 가서 멍하니 스마트폰만 들여다보거나 사람 구경만 하다 와도 좋다. 그 시간에 술집에 안 있고 헬스장에 있는 것만으로도 술값보다 싸게 먹힌 거다. 술이 생각나는 그 위험한 저녁 시간에, 아무도 술을 마시지 않는 안전한 장소인 헬스장으로 대피했다는 사실만으로도 E씨는 충분히 칭찬받아 마땅했다. E씨는 사람들이 운동하는 모습을 보며 유튜브로 근력운동에 대해 연구하기 시작했다. 시간이 흘러 E씨는 그 헬스장의 '고인물'이 될 정도였다.

E씨처럼 입원할 정도로 증상이 심하거나 음주운전 또는 폭력으로 문제가 되어야만 알코올 중독인 건 아니다. 매일 마시고, 술 없인 허전해서 못 견디고, 간 수치가 나빠지는 것을 알면서도 마시는 사람들. 이런 조용한 의존이 끊기 더 어려울 수 있다. 술을 줄이려면 내가 왜 마시는지 그 이유를 알아야 한다. 지루해서? 보상 심리로? 잠이 안 와서? 아니면 불안해서? 이유를 알면 그 빈자리를 채울 운동도 보인다. 지루해서 마신다면 신나는 배드민턴이, 불안해서 마신다면 차분한 요가가 답이 될 수 있다. 때로는 운동만으로 해결되지 않는 마음의 문제라는 것을 깨닫게 될 수도 있고. 알코올이나 마약 중독 치

료의 초기에는 운동 전략이 달라야 한다. 매일 요동치는 자율신경의 고삐를 잡아 달래는 것이 가장 급한 일이기 때문이다. 도파민이 팡팡 터지는 격렬한 운동보다는, 몸을 이완시키는 스트레칭이나 요가가 훨씬 낫다.

술을 멀리한 지 오래되어도 문득 술 생각이 날 수 있다. 생각나는 건 죄가 아니다. 뇌에 기억이 박혀 있기 때문이다. 술 생각이 안 나서 안 마시는 건 누구나 한다. 진짜 대단한 건, 미치도록 생각이 나는데도 행동으로 옮기지 않는 것이다. 그 위대한 인내를 지속하기 위해 몸의 움직임이 필요하다. 다만 알코올 중독의 경우 도박이나 게임 중독보다는 조금 더 살살, 천천히 움직이자. 마약 중독이라면 약의 종류에 따라 운동할 수 있는 시기를 의료진과 상의하자. 당신의 몸은 지금 회복 중이니까. 그래도 된다. 충분히 훌륭하다.

스포츠토토 중독으로 고생한 나, 운동은 해도 될까?

주식, 코인, 게임, SNS, 도박, 쇼핑 등 행위중독 치료에서 가장 중요한 것은 무엇일까? 첫째는 경제적 책임의 회복이다. 카드 빚이나 고리대금을 주변에서 대신 갚아주는 것이 아니라, 본인이 직접 결자해지해야 한다. 둘째로는 중독을 대체할 새로운 무언가를 찾아야 한다. 중독 대상을 무작정 끊어내기만 해서는 백전백패다. 아무리 값싼 도파민이라도 뇌는 그 쾌락을 기억한다. 빈자리를 채워줄 건강하고 새로운 도파민을 찾아나서야 한다.

중독은 강력하다. 그래서 가족의 사랑이든, 종교든, 새로운 직업이든, 뭐든 한 가지로 맞서기엔 역부족이다. 약물치료도 받고, 단도박 모임 같은 자조 모임도 나가며 할 수 있는 것은 다 해봐야 한다. 운동은 그중 하나로, 회복자 누구에게나 권유한다. 내 의지로 얻을 수 있는 최상의 도파민이 나온다는 점에서 대체 불가능한 무기다. 서로 믿는 진실된 인간관계도 큰 도움이 되지만, 그것은 의지를 가진다고 갑자기 생기는 경우가 드물다.

중독에서 갓 빠져나온 사람들은 "이제 도박 생각 안 나요, 괜찮아요."라고 말하기도 한다. 하지만 시간이 갈수록 도파민 고갈로 인한 무기력은 심해진다. 강한 갈망을 인지하는 상태보다 위험할 수 있다. 그러다가 어느 날 갑자기 이끌려 나도 모르게 재발하게 되므로, 지금 당장 도박 생각이 나지 않더라도 운동은 일단 시작하는 게 좋다. 옛 중독 대상이 생각날 때 시작하면 늦는다. 우울증 환자에게 운동은 권장 사항이지만, 중독 환자에게 운동은 필수 처방이다.

그런데 운동을 시작하는 데 두 가지 큰 난관이 있다. 하나는 지친 가족들의 반감이다. 빚더미에 앉은 상황에서 운동을 하러 간다고 하면 가족들은 분통을 터뜨린다. 코인으로 수억을 날린 환자에게 운동을 권했더니, 그 배우자는 이렇게 따졌다. "집까지 날려먹고 이제 와서 운동이라뇨? 그 시간에 애를 봐야죠. 너무 이기적인 거 아닌가요?" 백번 이해한다. 하지만 냉정하게 말해, 다른 무언가에 미치지 않으면 중독을 이기기는 어렵다. 독서나 명상은 세로토닌을 주지만, 도박이 주던 강렬한 도파민의 빈자리를 채우기엔 역부족이다. 중독 치료는 나쁜 친구와 절교하는 과정이다. 그 과정에서 누구와도 만나지 말고 방구석에만 박혀 있기를 강요한다면? 그건 고문이기도 하지만 무엇보다 큰 효과가 없다. 결국 허전함을 못 이겨 다시 도박이라는 나쁜 친구에게 연락하게 된다. 그러니 좋은 친구인 건강한 중독을 빨리 소개해줘야 한다. 주식을 끊고 게임에 빠지는 건 아주 조금 덜 나쁜 친구를 또 만나는 격이지만, 운동은 믿을 만한 좋은 친구다.

또 다른 난관은 돈이다. 빚을 갚느라 허덕이는데 헬스장 등록비나 러닝화 살 돈이 어디 있나 싶을 것이다. 하지만 생각해보라. 게임 아이템에 현질하는 것보다 내 몸에 현질을 하는 게 백배 낫다. 한 번이라도 재발 위기를 넘길 수만 있다면, 도박 중독이 재발해서 날릴 돈에 비하면 운동비는 푼돈이다. 이것은 철학에서 말하는 에우다이모니아eudaimonia와도 통한다. 허공으로 사라질 감각적 쾌락 대신, 내 몸과 기억에 남는 경험에 집중하는 것. 중독자의 가족들에게 조언한다. 빚을 대신 갚아주지는 마라. 정 회복 과정을 돕고 싶다면, 헬스장을 등록해주거나 운동용품을 사주는 식의 직접 지원 정도는 찬성이다.

어떤 운동이 좋을까? 중독 환자의 뇌는 보상 회로가 고장 난 상태라, 걷기나 스트레칭 같은 저강도 운동으로는 세로토닌은 분비될지 몰라도 도파민 시스템에는 기별도 안 간다. 우울증 환자보다 훨씬 세고 격렬한 운동이 필요하다. 골프, 볼링, 당구, 야구처럼 대기 시간이 긴 운동은 추천하지 않는다. 남이 하는 걸 멍하니 보는 동안의 지루함을 못 견딘다. 짧은 시간에 땀을 쫙 빼고 승부를 보는 농구, 탁구, 배드민턴, 테니스 같은 구기종목이 좋다. 물론 현실은 다를 수 있다. 오랫동안 도박이나 게임에 빠져 있던 탓에 등은 굽고 배는 나와서 팀 기여도가 떨어지고, 애초에 격한 운동 자체가 어려울 수도 있다. 그러면 자연히 재미가 없어진다. 한 가지 방법은, 무슨 운동을 할 때 잡생각이 가장 잘 없어지는지 살펴보면 된다. 다행히 예전에 즐겁게 했던 운동이 있다면 그것을 다시 하는 것이 1순위다. 어느 정도 잘 아는 것을 다시 시작하는 편이 더 쉽기 때문이다.

"스포츠토토 중독으로 고생하던 사람인데, 축구 경기는 봐도 되나요?" 결론부터 말하면 관람은 위험하다. 관람은 노력 없이 도파민 보상 회로를 자극하기 쉽기 때문이다. 주식 중독의 핵심이 돈 그 자체가 아니듯, 스포츠 도박의 핵심도 스포츠가 아니라 예측 불가능한 승부의 짜릿함이다. 월드컵이나 올림픽 시즌에 도박 중독 재발이 많은 이유는 경기가 많아서가 아니라 판돈이 크기 때문이다. 경기 관람을 주의하고, 정 보고 싶다면 다른 사람들과 함께 보는 것이 좋다.

관람보다는 직접 뛰는 게 낫다. 경기를 직접 뛸 때와 볼 때 뇌의 반응은 전혀 다르다. 축구나 배드민턴을 해볼까 싶다가도 같이 하는 사람들이 내기 경기를 하자고 할까봐 못 하겠다는 환자가 있었는데, 그것은 회사 동료 중에 코인 거래를 하는 사람이 있을까봐 회사를 못 다니겠다는 말과 같다. 어차피 도박 관련 자극이 아예 없는 세상은 존재하지 않는다. 중독이 되는 행위를 끊고 1년 이상 잘 유지하고 있다면, 유일하게 허용되는 도박은 바로 내가 직접 뛰는 내기 운동이다. 단, 조건이 있다. 판돈은 밥값 수준을 넘어서면 안 된다. 가족에게 "오늘 경기 내기해서 얼마 잃었어/땄어."라고 떳떳하게 밝힐 수 있는 액수여야 한다.

도박을 끊은 지 10년이 지났는데도 꿈에서 베팅을 하다 소스라치게 놀라며 깬다는 분들이 있다. 중독에 완치는 없다. 평생 관리하는 것이다. 그런데 약을 평생 먹는 것은 어렵다. 운동은 평생 할 수 있는 최고의 치료제다. 물론 처음부터 도박만큼 재밌을 리 없다. 그런 기대는 버리자. 당연히 지루하고 힘들다. 평소 달리기를 좋아하는 사람도 도파민이 쏟아지는 러너스 하이 상태에 바로 도달하지 않는다. 꽤 오래 뛰며 숨차는 구간을 지나야 겨우 이를 수 있다. 중독에서 갓 벗어난 사람은 영혼이 털린 상태다. 운동은 그 빼앗긴 영혼을 되찾아오는 처절한 싸움이다. 몰입? 목표 달성? 그런 건 나중 문제다. 운동하는 그 1시간 동안 숨이 턱끝까지 차서, 혹은 그 순간이 너무 괴로워 열이 받아서 도박 생각이 안 났다면, 주식 차트가 떠오르지 않았다면 그것만으로도 대성공이다. 그렇게 끊어내기 어려웠던 나쁜 친구가 뇌에서 조금씩 씻겨나간다. 방구석에 앉아 의지력으로 버티는 것, 밖으로 나가 몸을 굴리는 것. 둘 중에 어느 쪽의 승률이 높겠는가?

모든 건 과유불급, 운동 중독도 있다

운동은 분명 좋은 습관이지만, 여기에도 중독은 존재한다. 국제행위중독학회에서 '운동 중독'이라는 진단명의 필요성이 지속적으로 거론될 정도다. 중독이냐 아니냐를 가르는 기준은 단지 그 대상이 좋은가 나쁜가가 아니다. 누군가에게 약이 되는 것도 과해지면 다른 누군가에게는 독이 된다.

매일 하루 1킬로미터를 달리면 정상이고, 5킬로미터를 넘게 달리면 중독일까? 그렇지 않다. 사람마다 체력과 상황이 다르니 절대적인 시간이나 강도는 기준이 될 수 없다. 운동을 얼마나 사랑하는지도 기준이 아니다. 중요한 것은 두 가지다. 첫째, 조절 능력의 상실 여부다. 운동 중독에 빠진 사람들은 현재의 운동량에 만족하지 못한다. 알코올 중독자가 내성이 생겨 술을 점점 많이 마시듯, 운동의 빈도와 강도를 계속 늘려야만 직성이 풀린다. 심지어 부상을 당해 쉬어야 하는 상황에도 진통제를 먹어가며 강행한다. 몸을 망치면서 운동을 하는 모순에 빠진다. 둘째, 금단 현상 여부이다. 운동을 할 때 얼마나 즐겁냐가 아니라, 하지 못할 때 얼마나 괴로우냐가 핵심이다. 중독인 사람은 하루라도 운동을 거르면 초조하고 불안해서 일이 손에 잡히지 않는다. 행복하고 건강해지려고 시작한 운동인데, 오히려 그 때문에 삶이 불행해진다면 그것은 명백한 중독이다.

중독 초기라면 스스로 조절을 시도해볼 수 있다. 일주일에 하루이틀은 절대 운동하지 않는 날로 정해 실천해보자. 휴식도 훈련이다. 쉬는 날에 불안해서 견딜 수 없고 다른 가치 있는 일이나 중요한 관계에 집중할 수 없다면 전문가의 도움이 필요한 단계일 수 있다. 운동은 내 삶을 윤택하게 하는 수단이어야 한다. 하면 좋지만 못 해도 괜찮아야 한다.

운동 중독이 무서운 또다른 이유는 종종 약물 중독으로 이어지기 때문이다. 운동 강박이 심해지면 자신의 몸에 만족하지 못하는 신체추형장애가 오기 쉽고, 더 크고 선명한 근육을 위해 아나볼릭 스테로이드나 남성호르몬(테스토스테론)에 손을 댄다. 병의원을 통해 처방받는 경우는 굉장히 드물고, 대부분 불법 약물을 취급하는 사람들의 영업을 통해 거래가 이루어진다. 어둠의 경로로 약물을 공급받으면서 어느새 로이더roider가 되는 것이다. 의학적으로 테스토스테론과 스테로이드는 미국 마약단속국이 정한 규제약물에서 중독성 3급으로 분류된다. 1급인 코카인만큼은 아니지만, 대한민국에서 마약류로 분류된 항불안제(4급)보다 훨씬 중독성이 높다. 중독성이 높다는 건 스스로 조절하기 어렵다는 뜻이다. 처음 계획보다 복용량이 점점 늘어나기 쉽고, 그 부작용으로 불안이나 공격성이 폭발하는 로이드 레이지roid rage가 나타난다. 심하면 조증이나 망상으로 입원 치료를 받기도 한다. 장기간 약물을 사용한 보디빌더들은 일반인보다 우울과 불안 수준이 훨씬 높다고 한다. 가장 건강해 보이는 육체 뒤에 병든 정신이 도사리고 있다니. 특히 스테로이드는 복용할 때보다 끊었을 때가 더 문제다. 외부에서 들어오던 호르몬이 끊기니 무기력해지고, 그 끔찍한 기분을 피하기 위해 다시 약을 찾는 악순환에 빠진다. 이 과정에서 우울증에 더 가까워진다. 약물로 인해 고장 난 세로토닌과 도파민 시스템의 회복을 위해서는 아주 긴 시간이 걸린다. 무언가에 진심을 쏟는 것은 좋지만, 근육에 집착하다 건강을 잃어서는 안 된다.

운동을 통해 예상치 못한 활력을 얻듯이, 운동으로 기대만큼 몸이 변하지 않을 수도 있다는 사실을 인정해야 한다. 특히 누군가를 가르치는 트레이너라면 당장 눈에 보이는 근육보다 건강한 정신을 보여주는 것이 중요하다. 남들의 눈은 속일 수 있을지 몰라도, 거울을 보는 자기 자신까지 속일 수는 없다. 약물로 만든 근육은 한 두 번 감탄을 자아낼지 몰라도, 결국 주변 사람들에게까지 그 불안과 강박을 전염시킨다. 운동으로 먹고사는 경우가 아니어도 SNS에 자랑할 만한 몸이 되면 좋겠지만 체질과 나이, 상황에 따라 운동의 가시적인 효과는 다를 수 있다. 내가 원하는 완벽한 몸이 아니라고 해서 실망하지 말자. 약물 없이, 강박 없이 건강한 방법으로 오래 운동하는 사람에게는 근육보다 더 값진 인생의 선물들이 찾아올 테니까.

다른 누구도 아닌
나를 위한
운동 찾기

당신이 어떤 사람이든 잘 맞는 운동은 있다

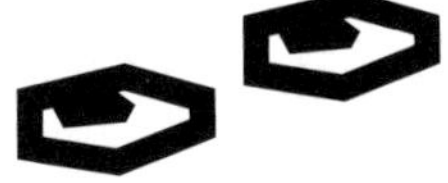

E vs. I: 핵심은 에너지의 밀도

MBTI는 원래 심리학이나 정신의학 검사가 아니라 직무 만족도 개선을 위해 개발된 검사다. 가족과 연인 등 가까운 관계보다는 조직에서의 팀 구성 또는 소통 개선이 주된 목적이므로 가족과 연인 등 친밀한 대인관계에서 활용하기는 무리가 있다. 게다가 MBTI는 자기 보고 self-report를 바탕으로 한다는 한계가 있다. 할 말 다 하고 자기 것을 잘 챙기면서도 본인은 소심하다고 주장하는 사람이 주변에 한두 명쯤 있을 것이다. 이런 한계점 때문에 진료실에서 환자가 알려주는 본인의 MBTI를 들으면 '저 사람은 저렇겠구나.'라고 생각하기보다는 '스스로를 저렇게 바라보고 있구나.'라고 여긴다. MBTI는 어쩌면 자기 이해의 수단이라기보다 자기표현의 수단이다. 내가 어떤 타입이라는 규정에 갇히지 말자는 것이다. 같은 외향형이라 하더라도 내향성과 외향성이 섞여 있는 사람과 극도로 외향적인 사람은 굉장히 다를 수 있다.

이런 한계에도 불구하고 MBTI는 분명히 매력이 있다. 누구나 자기가 어떤 사람인지 설명하고 싶고, 동시에 간단하게 정의하고 싶다. 조금 더 빨리 내 존재를 이해받고 싶고, 조금 더 쉽게 타인을 파악하고 싶다. 그런데 저마다의 특색과 미묘한 차이를 섬세하게 설명하기란 얼마나 번거로운가? 80억의 다양한 사람 중 하나뿐인 존재로서 이해받기란 몹시 어려운데 그나마 열여섯 가지 유형 중 하나라면 문제가 그나마 쉬워진다. 이 점이 MBTI의 유용성이다.

외향형 E와 내향형 I는 정신건강의학과에서 자주 검사하는 MMPI, 성격5요인에서도 중요한 개념이다. 내향적인 사람은 남들과 분리된 혼자만의 시간을 통해서 충전이 필요하고, 외향적인 사람은 반대로 사람 사이의 활동을 통해 에너지를 얻는다. 에너지의 흐름이 중요한 것이지 단지 수줍음이 많으면 내향인, 사교적이면 외향인

인 것은 아니다.

　내향성의 색깔은 저마다 다르다. I인 나는 흔히 텐션 좋다는 모임은 피곤하고, 사람이 넷만 모여도 싫다. 갈등이 있는 당사자들을 중재하는 상황에서는 패닉에 빠진다. 그래서 전문의인데 창피하게도 가족상담이나 부부 상담은 못 하고 각자 치료만 가능하다고 의원 블로그에 공지했을 정도다. 하지만 운동 수업을 받을 때는 1:1 수업은 가급적 피하고 그룹 수업에 참여한다. 나에겐 함께 있는 사람 수보다는 주고받는 에너지의 밀도가 중요하기 때문이다. 운동이 힘들어서 낯선 사람들과 대화가 버거운 상황은 괜찮지만, 적당히 아는 불편한 사람이 끼어 있고 공백이 자주 생기면 운동 시간 내내 피곤하다. 폴 댄스가 좋은 것은 각자 폴 주변으로 동그란 매트를 깔아 자연스레 본인의 영역이 생기고 서로를 침범하지 않아 내향성을 보존할 수 있기 때문이다. 각종 까다로운 조건을 딛고 적절한 운동환경을 위한 데이터를 확보하기까지 많은 시행착오가 있었다. 같은 외향성이라도 마찬가지로 저마다 색깔이 다르다. 그러니 E든 I든 수업 인원수, 공간, 운동의 성격 등에서 자신을 소모하지 않을 수 있는 지점을 경험으로 찾아야 한다.

　직접 겪어보는 것이 중요한 까닭이 또 있다. 같은 종

목이라도 센터마다 분위기가 다를 수 있기 때문이다. 수영장도 모두 텃세가 심한 것은 아니고, 우리 동네 수영장만 해도 세 군데 다 분위기가 다르다. 한 곳은 텃세로 인한 갈등을 방지하기 위해 안전요원이나 선생님들이 엄격하게 관리하고 심지어 탈의실에 직원이 상주하며 회원 사이의 대화를 막기도 하는데, 운동 전후의 대화도 즐거움인 E에게는 그런 상황이 불편할 수 있다. 수영장은 텃세가 심하고 등산동호회에 불륜이 많다는 오해는 그 운동을 오랫동안 하는 사람 자체가 많아서 생긴 것이기도 하다. 사람이 모이는 곳은 다 비슷하지 않을까? I에게 적응이 쉬운 곳이 있고 E가 적응하기 좋은 곳이 있으니, 직접 겪어보고 결정하는 게 좋다. 구민센터 등은 체험수업이 없는 대신 환불제도가 잘되어 있다.

외향성이나 내향성에 따르는 일반적인 이미지 때문에 스스로 정한 성향에 자기를 가두는 사람들이 많다. 팀버핏, F45처럼 그룹 인터벌 운동을 하는 센터의 경우 I는 굉장히 적응하기 어려울 것이라고 예단하기 쉽다. 하지만 직접 경험해보지 않으면 모른다. 발표나 회의는 괜찮은데 스몰토크는 싫어하는 I의 경우 헬스장에서 기구와 사람 사이를 돌아다니는 시간이 더 어색하고, 그룹 인터벌 수업은 말할 틈도 없이 숨이 차서 차라리 괜찮을 수도 있다. 파이팅 외치기, 하이파이브 등의 정형화된 상호작용을 상황에 맞게 정해주기 때문에 I로서는 오히려 마음이 편할 수도 있다. 하라는 대로 하면 된다. 눈 마주칠 틈도 없고 대화의 장이 열리지 않으니 집 앞 약수터에서 혼자 철봉을 하다가 풀업 머신 할아버지가 한 수 가르쳐주겠다고 나서는 상황보다 덜 괴로울 수 있다. 무엇이 더 편하고 긴장되는 상황인지 미리 단정짓지 말자. 운동은 한 걸음 떨어져서 나를 알 수 있는 꽤 괜찮은 과정이다. 생계가 달린 직장이나 운명을 건 연애에서보다는 덜 다치면서 나를 알아갈 수 있다.

E가 사람을 통해 에너지를 얻는다고 해서 운동할 때 남들과 꼭 어울려야 하는 것은 아니다. 주변의 E들 중에 만남은 좋아하지만 운동은 혼자 하는 사람들도 많다. 인간관계를 폭넓게 가지며 사회생활을 좀 더 잘해낸다고 모든 사람을 좋아하는 것은 아니라는 점을 명심해야 한다. E는 그만큼 시야에 들어오는 사람이 더 많기에 남의 눈이 신경 쓰일 수 있다. 그룹에서 주도권을 갖지 못할 경우에도 I보다 스트레스를 심하게 받는다. 운동은 초보라 본인의 실력이 신경 쓰인다면, 혼자 연습할 수도 있고 같이 할 수도 있는 운동이 좋다. 예컨대 러닝 크루에 들어간다면 처음에는 동네에서 혼자 달리기 연습을 해

보고 어느 정도 실력이 되었을 때 그룹에 들어가는 것이다. 실력이 있어도 처음 들어간 집단에서 주도권을 갖기는 어렵다. 운동을 위해 모인 사람들은 학교처럼 동시에 다 같이 학년을 시작한 것도 아니고, 직장처럼 경력자와 신입의 위계가 분명하지도 않다. 그 애매한 상황 속에서 일단 내가 무엇을 얻을 것인지, 애초에 이 운동을 하려는 목표가 무엇인지 되새길 필요가 있다. 그래도 E는 사람을 통해서 얻는 에너지가 크고, 남들과의 약속을 통해서 성장할 수 있는 폭도 크다. 다만 E에게 타인이란 힘이 되는 동시에 나만의 길을 걷는 데 걸림돌이 되는 존재이기도 하니, 타인을 신경 쓰다가 심한 경쟁 또는 에너지 소모로 몸과 마음에 부상을 입지 않도록 조심해야 한다.

E든 I든 집단을 이루어 사는 사피엔스라면 누구나 타인과의 약속을 잘 지키려는 의지가 있다. 원래 혼자 하면 지속하기 어려운 일도 다른 사람들과 함께라면 더 규칙적으로 하고, 더 좋은 성과도 낼 수 있다. 인간은 누구나 의지가 부족하다. 자기 의지에 기대어 루틴을 만드는 것보다는 다른 사람들과 약속하는 편이 그나마 유리하다. 내가 아침마다 9시까지 출근하는 것은 나 자신과의 약속을 잘 지켜서가 아니다. 환자분들과 약속했기 때문

이다. 순전히 내 의지만으로 무언가를 규칙적으로 하는 것은 어렵다. 그러니 혼자 계획하고 혼자 실천하지 못했다고 못난 사람으로 여기지 말자.

SNS를 적극 이용하는 것도 좋다. E와 I가 운동을 공개하는 범위나 활동성에 차이가 있을 수는 있지만, I라고 자신에 대해 전혀 드러내지 못하는 사람들은 아니다. 칼이 위험하기만 한 게 아니라 식재료를 잘 다듬어 좋은 요리를 만드는 데 쓰일 수도 있듯이, SNS도 마찬가지다. 기록을 올리다 보면 어느 날에는 거르려다가도 굉장히 허전해져서 운동을 할 수도 있다. 그 기록들이 쌓여 새로운 기회를 가져다줄 가능성도 있다. 사람은 누구나 타인을 의식하기 마련이다. 남을 신경 쓰지 말자는 의견도 많지만, 언제나 그렇듯 '무엇'보다는 '어떻게'가 중요하다. 타인의 시선을 적절히 이용한다면 온라인을 통해 같은 운동을 하는 모임이든 SNS든 좋은 도구가 된다. 무조건 아무에게도 의존하지 말고 고독한 길을 가라는 지침은 옳지 않다. 사람 사이人間가 도움이 되는 그 본질을 무시할 것까지는 없다.

S vs. N: 운동의 언어

전문가에게 레슨을 받든, 동호회에서 배우든, 독학을 하든, 무엇이든 배울 때는 좋은 선생님을 만나는 것이 중요하다. 아마추어에게 좋은 스승이란 훗날 스승 없이도 혼자 운동할 수 있게 만들어주는 사람이다. 언제까지나 선생님 손을 잡고 갈 수는 없으니까.

좋은 선생님의 조건은 무엇일까? 첫째, 전공은 중요하지만 아마추어에게는 1순위 고려 대상이 아니다. 전공 여부가 중요하다면 그건 대학을 다녀서라기보다 비전공자보다 절대적인 운동 경험치가 많기 때문이다. 그 과정에서 많은 스승을 겪었고, 자기와 타인의 성공과 실패 데이터도 많이 쌓였을 것이다. 하지만 이건 확률이다. 몸치인 내게 가장 좋았던 선생님들 중 한 분은 전공자에 경력 많은 센터의 운영자였다. 다른 한 분은 비전공자에 경력도 짧고 여러 운동을 해본 적 없는 프리랜서 강사였는데 운동이 아닌 다른 분야를 가르친 경험이 많았다. 두 사람의 스펙은 정반대였지만 공통점이 있었다. 둘 다 본인의 발전에 철저하고 학생의 성장에 진심으로 기뻐했다. 그 에너지는 배우는 사람에게 고스란히 전해진다. 학생이 상급자가 아니라면 '운동을 가르친다'에서 '운동'보다 더 중요한 것은 '가르친다'이다.

둘째, 공감 능력은 중요하다. 공감은 남의 신발을 신은 채 걸어보는 것이다. 운동신경이 나쁜 나를 성의 없다고 오해하는 선생님이 있었다. 그럴 만하다. 1년간 매일 스트레칭을 했는데 다리가 조금밖에 안 찢어지니 꾀를 피운다고 오해할 법도 하다. 그걸 왜 못 하는지 진심으로 답답해하는 선생님도 봤다. 그럴 때마다 나는 절망했다. 하지만 못하니까 학생이다. 배우러 온 것이다. 쉽게 풀리는 문제만 풀 수 있는 직업은 없다. 재능이 없거나 몸이 굳은 사람을 어떻게 지도할지 고민하고 길을 뚫어내는 것이 가르치는 사람의 몫이다. 학생에게 필요한 것은 성실성, 규칙 지키기, 무리한 요구 안 하기, 그리고 무엇보다 수강료를 제때 잘 내는 것이다. 한때는 나처럼 발전이 더딘 사람은 천재형 선생님과 안 맞는다고 생각했었다. 그러나 본인의 뛰어남이 더딘 학생을 이해하지 못하는 이유가 되지는 않는다. 일상적인 대화를 잘 이어가고 학생의 기분을 맞춰주어야 한다는 것이 아니다. 내 몸의 한계를 이해하는 전문적 공감력을 가진 선생님과 함께해야 운동을 오래 지속할 수 있다.

셋째, 적절한 소통 방식이다. 운동은 몸으로 하지만, 소통은 결국 언어로 한다. 이때 참고할 만한 기준이

MBTI의 감각형 S와 직관형 N의 구분이다. S는 현실적이고 구체적이다. 보고, 듣고, 만지는 오감의 경험과 세부 정보에 집중한다. 문제를 해결할 때는 단계별로 차근차근, 정해진 절차와 경험을 중시한다. 테니스 스윙을 배운다면 "손목 각도는 45도, 발은 어깨너비, 라켓 그립은 이렇게" 하는 식의 구체적 설명을 선호한다. 선생님이 이런 스타일이라면 동작 하나하나를 짚어주며 교정해줄 때 배우는 맛이 난다. 배우는 쪽이라면 구체적인 동작 하나하나를 직접 체험하고 반복하면서 익히는 데 강점이 있다. 이미지트레이닝보다는 디테일을 쪼개서 알려주는 강의가 도움이 된다.

반면 N은 추상적이고 전체적인 패턴, 이유에 집중한다. 동작의 세부 사항보다 왜 이 동작이 필요하고 이 움직임의 원리가 뭔지를 이해해야 몸이 움직인다. 테니스를 배울 때도 스윙의 각도보다는, 힘이 발끝에서 라켓으로 전달되는 흐름이나 경기 전체에서의 역할을 먼저 파악하려 한다. 때로는 '이렇게 하면 더 효율적이지 않나?' 하며 새로운 방법을 시도하기도 한다. 단, 슬픈 사실은 이런 시도가 성공하려면 어느 정도 재능이 있어야 한다는 점이다. 나처럼 N 성향이 강해도 운동신경이 없으면 원리만 따지는 와중에 몸은 안 따라줄 수 있다. 공부는

N 방식으로 브레인스토밍을 해가며 확장하는 학습이 효율적이었지만 운동을 할 때는 확장은 무슨, 그냥 눈앞의 할 일을 명확히 지시해주는 게 훨씬 좋다. 그러니까 본인이 N이라고 반드시 N 성향의 선생님을 만나야 한다는 것이 아니다. 운동을 배우는 것이 어렵고 흥미를 갖기도 쉽지 않다면 이런 개념을 참고해 의사소통 방식도 돌아보자는 의미다.

물론 최고의 선생님은 학생의 성향에 맞춰 S와 N의 언어를 섞어 쓰는 사람일 것이다. 하지만 그런 고수는 드물다. 선생님에게 대놓고 MBTI를 물어볼 순 없겠지만, 수업 방식을 유심히 관찰해볼 수는 있다. 운동 감각이 좋은 사람이라면 직관적인 N 선생님을 만나 폭발적으로 성장할 수도 있고, 기초가 부족한 사람이라면 꼼꼼한 S 선생님을 만나야 기본기를 다질 수 있다. 나와 선생님의 언어 주파수가 맞을 때, 비로소 내 몸도 적극적으로 응답하기 시작한다.

혼자 운동할 때도 이 차이를 알면 좋다. N인 사람은 목표와 의미가 중요하다. '오늘 목표한 거리를 완주했다.', '어제보다 더 나은 내가 되었다.' 같은 식의 성취감이 동력이 된다. S인 사람은 구체적 지표가 중요하다. 누적 운동 시간, 평균 심박수, 페이스 같은 숫자가 눈에 보여야 동기가 생긴다. 둘 중 하나라도 발달해 있으면 운동을 지속하는 데 유리하다.

J vs. P: 계획하는 자와 즐기는 자

MBTI의 J(판단형)는 목적의식이 뚜렷하고 미리 세운 계획대로 상황이 흘러갈 때 안정감을 느끼는 반면, P(인식형)는 상황에 따라 유동적으로 대처하며 움직이는 것을 선호한다. 예전에 축구 국가대표 선수 전원이 계획적인 J라는 기사를 본 적이 있다. 그러나 이것도 가장 성공한 엘리트 운동선수들의 이야기일 뿐, 일반인이 운동할 경우 J와 P 각각의 장점이 있다.

J는 규칙적이고 체계적인 운동이 잘 맞는다. 목표와 루틴이 명확하고, 성과를 기록해 발전을 눈으로 확인해야 직성이 풀린다. 정돈된 환경에서 규칙적으로 하는 러닝, 세트와 중량을 기록하는 웨이트트레이닝이 딱이다. 반면 P는 환경의 변화에 반응하는 것 자체가 즐거움이다. 반복보다는 변화와 새로움에서 동기부여를 얻는다. 날씨나 기분에 따라 종목을 바꾸는 방식이나, 상황에 맞춰 떠나는 하이킹이 잘 맞는다.

　종목 선택에 앞서 중요한 건 각자 힘든 지점을 이해하는 것이다. P들이 J를 답답해하는 건 계획을 짠다는 점 그 자체가 아니다. 오히려 그 계획 덕을 보기도 하니까. 진짜 문제는 계획이 틀어졌을 때다. J는 정해진 계획이 어긋나면 극도로 불안해하거나 화를 내고, 심지어 계획대로 안 될 바에는 차라리 안 한다며 포기해버리기도 한다. J들에게는 삶이 계획대로만 흘러가지 않는 예측 불허라는 사실을 받아들이는 게 운동 자체보다 더 큰 훈련이다. 뇌가 계획한 대로 몸이 움직여야 한다는 하향식 고정관념을 버려야 한다. 기분이 좋아서 뛰는 게 아니라 뛰다 보니 기분이 좋아지는 상향식 변화도 있음을 인정하자. 환경 설정도 중요하다. 운영 시간이 자주 바뀌는 센터나 약속을 쉽게 펑크내는 트레이너는 J에게 지옥이다. 내가 이제까지 본 운동 중에 가장 인기 있는 것은 각 구민센터의 아쿠아로빅인데, 수강 신청을 위해 '광클 전쟁'을 치르거나 1년 이상 대기해야 한다. 이렇게 실패 확률이 높은 상황은 피하자. 계획의 통제권을 내가 쥐고 있을 때 J는 스트레스를 덜 받는다. 운동도 힘든데 운동을 하기까지의 과정 때문에 스트레스 받을 필요는 없다.

　반대로 P들이 신경 써야 할 것은 지루함보다 안전이다. P의 유연성은 큰 장점이지만, 운동 중 도파민이 터져서 흥에 겨우면 통증도 잊고 오버페이스를 하기 쉽다. 안전을 위해 내가 할 수 있는 범위를 넘지 않도록 제동을 걸어야 한다. 엄격한 계획은 세우지 않아도 좋지만, '오늘만 날이 아니다, 내일도 운동할 수 있다'는 점은 꼭 기억하자. P들은 운동 간격이 불규칙한데, 꾸준히 한다면 그것만으로 충분하다. 그러나 오랜만에 하면서 숙련도가 떨어졌을 때 그 사실을 인식하지 못하고 몰아치다가는 다치기 쉽다.

결국 타고난 성향과 환경 사이에서 타협의 지점을 잘 찾는 것이 삶의 지혜 아닐까? 언제나 엑셀 파일처럼 계획적인 삶을 사는 '파워 J' R씨의 사례를 보자. 출판편집자인 그녀는 계획대로 굴러가지 않는 일 때문에 늘 스트레스를 받는다. 마감을 어기는 필진, 기획안을 뒤집어엎는 상사……. 스트레스를 풀려고 간 여행에서도 촘촘히 계획을 짜두었는데 막상 목적지에 도착하니 친구들이 피곤하다고 그냥 숙소에서 쉬자고 하는 바람에 오히려 병을 얻어 왔다. 극심한 복통을 호소하는 R씨에게 나는 설명했다. "위와 장도 근육이고, 자율신경계의 지배를 받습니다. 우리가 긴장하면 승모근이 뭉치듯, 계획대로 안 돼서 뇌가 긴장하면 위장 근육도 뻣뻣하게 굳는 겁니다." 그래서 R씨에게는 계획을 세우지 않는 운동을 처방했다. 자전거를 좋아하는 그녀에게 동호회 활동을 잠시 멈추고 혼자 타라고 했다. 코스도 정하지 않는다. 집 근처 출발점에서 서쪽이든 동쪽이든 그날 내키는 대로 가되, 딱 하나의 안전장치만 걸라고 했다. 2시간이 지나면 알람이 울리게 하고, 그때 무조건 돌아오기. 지나가는 소나기는 좀 맞아도 되니 비옷도 챙기지 않기로 했다. 평소의 J 성향을 강화하는 게 아니라 반대 근육을 써보는 훈련이었다. 결과는 성공적이었다. 이렇게 탄다고 그녀의 본질이 바뀌진 않아서 여전히 책 홍보 계획이 틀어지면 스트레스를 받지만, 예전처럼 몸이 먼저 반응해 소화가 안 되는 일은 훨씬 줄어들었다.

자유로운 영혼에 '대문자 P'인 N씨는 틀에 박힌 운동을 싫어해서 라인댄스를 시작했다. N씨는 처음부터 춤에 재능이 있다는 칭찬을 들었다. 체중도 감량하고 활기가 생기니 춤을 추러 가는 날이 기다려졌다. 그런데 몇 개월 다니다 깨달은 사실이 있었다. 단체로 하는 라인댄스는 정해진 규칙이 있고, 반복적인 동작을 제대로 외워야 회원들 사이에서 잘하는 사람으로 인정받는다는 것이었다. 여럿이서 춤을 추는데 N씨가 흥에 겨워 마구 몸을 흔들다 다른 사람과 부딪히는 일도 있었다. N씨는 자신의 자유로움이 장점이 될 수 있는 재즈댄스나 라틴댄스 등 다른 춤을 찾아보기로 했다. 좋아하는 운동을 찾기까지 오래 걸렸고, 지금 포기하기에는 아쉬움이 있었기 때문이다. 춤이라는 운동에서도 이렇게 차이가 있다.

J라고 꼭 J처럼, P라고 꼭 P처럼만 살아야 하는 건 아니다. J가 일은 J처럼 하며 살아도 운동은 P처럼 해보면 오히려 긴장 완화에 도움이 될 수도 있다. 바탕색의 성격이 개조되는 것도 아니다. 가끔은 평소의 정반대 방향으로 핸들을 돌려 뇌의 균형을 잡아보는 것, 그게 운동의 또다른 좋은 점 아닐까?

(MBTI 이야기를 하면서 T(사고형)와 F(감정형)를 건너뛰는 이유는, 이 두 요소가 의외로 가장 불안정하기 때문이다. 심리학 연구에 따르면 T와 F는 나이, 결혼 여부, 현재 상황에 따라 가장 잘 변한다. 그리고 굳이 운동에 적용하자면 T는 구체적인 해결책을 원하고 F에게는 칭찬과 격려가 중요하다는, 누구나 쉽게 예상할 수 있는 딱 그 정도의 제안이 가능하다.)

자극추구형 vs. 위험회피형: 기질 대신 운동을 바꾸자

TCI(Temperament and Character Inventory, 기질 및 성격 검사)는 1세 이후 평생 거의 변하지 않는 타고난 기질을 보

는 검사로, 자극추구, 위험회피, 사회적 민감성, 인내력 등의 척도로 나를 분석한다. 인증받은 기관에서만 할 수 있어 접근성이 낮고 무엇보다 "나는 ENFP야!"라고 딱 떨어지게 정의하는 직관적인 재미가 덜해 MBTI보다 대중적인 인기는 떨어지지만, 심리상담센터나 정신건강의 학과에서 자주 쓰이는 만큼 전문적인 도구로 신뢰도가 높다.

TCI에서 운동과 관련해 눈여겨볼 특성은 두 가지다. 바로 자극추구(Novelty Seeking, NS)와 위험회피(Harm Avoidance, HA)다. 자극추구형은 새로운 경험, 변화, 흥분, 보상을 좇는다. 자유롭고 열정적이지만 충동적일 수 있다. 반면 위험회피형은 좋은 것을 얻기보다는 싫은 것을 피하는 것이 더 중요하다. 불확실한 상황이나 낯선 사람을 불안해하며, 매사에 신중하고 조심스럽다. 물론 사람은 입체적이라 이 두 가지 특성이 정확히 반비례해 나타나지는 않는다. 둘 다 높아서 불안해하면서도 새로운 걸 찾아다니는 사람도 있고, 둘 다 낮아서 겁은 없지만 관습대로 사는 사람도 있다. 인간은 원래 이렇게 복잡하다. 하지만 대체로 자극추구 성향이 높으면 위험회피 성향은 낮은 경향이 있다. 결국 재미를 좇느냐, 안정을 좇느냐의 차이다. 인생은 불안하거나 지루하다. 스스로에게 물어보자. 당신은 불안함과 지루함 중 무엇이 더 견디기 힘든가?

불안함보다 지루함이 더 힘들다면 자극추구 성향이 높은 것이다. 이들은 단조로움을 못 견딘다. 그렇다고 반드시 서핑이나 스카이다이빙 같은 익스트림 스포츠를 해야 하는 건 아니다. 비용도 많이 들어가고 접근성도 낮다. 대신 크로스핏처럼 매일 프로그램이 바뀌거나 댄스, 구기종목처럼 지루할 틈이 없는 운동을 추천한다. 어떤 이들은 "지루한 운동을 꾹 참고 해서 인내력을 길러라"고 조언하지만, 나는 반대다. 기질은 고쳐야 할 질병이 아니다. 굳이 바꾸려 애쓸 필요가 없다. 매일매일이 스펙터클한 사업가나 연예인이 아닌 이상 자극추구형 기질을 일반적인 직장 생활이나 가정에서 발휘하기는 어렵다. 그러니 운동을 할 때라도 기질대로 살아야 숨통이 트인다. 꼭 엄청난 스릴이 아니더라도, 시합이나 자격증 도전처럼 자극이 있는 환경을 지속적으로 만들어주면 좋다. 삶은 원래 단조롭고, 아무리 좋은 사람도 가끔은 지겹거나 왠지 마음에 들지 않는 순간이 온다. 내 기질을 바꿀 순 없지만 "아, 나는 지루한 게 너무 힘든 사람이구나."라고 인지하고 있다면 단지 지겹다는 이유로 좋은 인연이나 기회를 걷어차는 실수는 막을 수 있을 것이다.

반면 위험회피형은 어떨까? 이들에게는 안전하고 예측 가능한 환경이 중요하다. 자극추구형이 시시하다며 쳐다보지도 않을 저강도 유산소운동이 이들에게는 최고의 운동일 수 있다. 가장 안전하고 접근하기 쉬운 빠르게 걷기부터 시작해보자. 그룹 운동을 한다면 강사의 통제가 확실하고 동작의 시퀀스가 딱 정해진 기구 필라테스가 좋다. 매트 필라테스나 요가만 되어도 자유도가 높아서 내가 잘하고 있나 불안해질 수도 있다. 위험회피형은 세상살이가 이미 불안과 긴장의 연속이라 피곤하다. 운동에서까지 성취 압박을 받을 필요는 없다. 남들은 지루하다고 해도, 나에게 평화롭고 안전한 환경이라면 그게 정답이다.

같은 종목을 하더라도 기질에 따라 접근법은 달라진다. 러닝을 예로 들면, 자극추구형은 '10킬로미터 러닝 대회 출전' 같은 목표와 성취가 있어야 좋다. 아니면 그때그때 코스를 바꾸거나 러닝 크루에 들어가는 등 자극이 필요하다. 반면 위험회피형은 당장 눈에 띄는 성취가 없더라도 안정된 루틴이 중요하다. 환경이 너무 다채롭게 변하는 야외보다는 헬스장의 러닝머신이나 익숙한 동네 트랙이 낫다. 사람들과 부딪힐 일 없는 정해진 코스를 달리는 것이 마음 편하다.

기질은 운동으로도 바꿀 수는 없다. 중요한 건 내 기질에 맞는 선택이다. 환경과 사람은 상호작용한다. 때로는 나를 환경에 맞춰야 하지만, 나 자신을 정확히 안다면 나에게 맞는 환경을 적극적으로 조성하는 것도 지혜다. 운동이 좋은 점은, 이 과정에서 타인에게 무언가를 강요하지 않아도 된다는 것이다. 오롯이 나를 위해, 내 기질에 딱 맞는 판을 깔아주는 것. 그것이 운동을 지속하는 비결이다.

교감우세형 vs. 부교감우세형: 몸의 신호에 맞는 긴장과 이완 찾기

삶이 늘 평화로울 수는 없다. 긴장이 필요한 상황에는 긴장하고, 슬픔이 필요한 상황에는 슬퍼하는 게 정상이다. 우리가 외부 상황에 적절하게 반응하게 하는 것이 자율신경의 일이다. 심장박동, 호흡, 소화, 체온조절, 땀 분비처럼 생명 유지에 필요한 일을 우리가 신경 쓰지 않아도 알아서 조정한다. 자율신경은 교감신경(액셀)과 부교감신경(브레이크)으로 나뉜다. 교감신경은 위기 상황에서 활성화되어 '싸우거나 도망칠fight or flight' 준비를 한다.

반대로 부교감신경은 쉴 때 활성화되어 회복과 소화를 돕는다. 둘은 시소처럼 균형을 이뤄야 한다. 긴장해야 할 때 교감신경이, 쉴 때 부교감신경이 나와야 한다. 낄 때 끼고 빠질 때 빠지는 이 기능이 고장 나면 몸과 마음에 병이 생긴다. 교감신경이 과잉이면 위험하지도 않은데 심장이 뛰고 공황이 오며, 부교감신경이 과잉이면 긴장해야 할 상황에도 넋을 놓고 무기력하다.

과민성대장증후군, 역류성식도염, 미주신경성실신, 발기부전 등 숱한 질환이 자율신경의 불균형으로 인해 생긴다. 그래서 진료실에서도 "자율신경이 제 기능을 하게 하려면 어떻게 하나요?"라는 질문을 자주 받지만, '자율신경실조증'이 포괄하는 증상은 너무 광범위하며 그 자체만의 해결책은 주기 어렵다. 자율신경 불균형으로 인한 질병에 공통적으로 좋은 답이 있다면, 그것은 호흡과 운동이다.

호흡은 자율신경 중 우리가 의식적으로 조절할 수 있는 유일한 부분이다. 앞서 말했듯 우리 몸은 뇌의 신호를 받기만 하는 수동적 존재가 아니다. 뇌와 상호작용하는 능동적 존재다. 불안한 감정이 올라오면 호흡이 틀어지지만, 반대로 호흡만 잘해도 마음이 안정된다. 숨쉬기도 좋은 운동이다. 다른 운동의 기본이 되기도 한다. 누구나 불안하면 자꾸 숨을 들이마시려고만 한다. 산소가 부족하다고 착각하기 때문이다. 실상은 숨을 못 들이마시는 사람은 거의 없고 제대로 내쉬지 못하는 경우가 태반이다. 호흡은 산소 공급만 하는 게 아니라 우리 몸의 이산화탄소와 노폐물을 배출하는 과정이다. 특히나 교감신경이 활개 치는 상황에는 숨을 천천히 잘 뱉는 것이 중요하다. 정신에 집중하는 명상 호흡보다는 몸의 각 부위에 집중하는 필라테스 호흡이 효과적일 수 있다. 갈비뼈를 조이며 몸속의 공기를 모두 길게 내뱉는 훈련이 부교감신경을 깨우는 데 훨씬 효과적이기 때문이다. 공황장애 환자에게 복식호흡을 권하는 이유도 필요 이상으로 숨을 들이마시는 과호흡을 막기 위해서다. 복식호흡은 가슴과 배의 경계가 되는 횡격막을 주로 사용해 호흡하는 방식으로, 숨을 들이마실 때 횡격막이 내려가면서 복부가 부풀어오르고 내쉴 때는 횡격막이 올라가면서 복부가 꺼진다. 이렇게 움직이는 모습이 마치 배로 숨을 쉬는 것처럼 보여 복식호흡이라고 한다. 이렇게 횡격막을 적극적으로 움직이면 깊고 느린 호흡이 가능하다. 실제로야 마신 숨보다 더 뱉기도 어렵지만, 숨을 내쉬는 과정이 잘된다면 다른 운동을 시작해보자.

자율신경 검사를 해보면 현대인은 교감신경 우세형

(긴장형)이 더 많다. 이 경우 "불안해하지 말자."라는 말보다 "부교감신경을 건강하게 만들자."라는 긍정적 주문이 낫다. 교감신경과 부교감신경은 시소처럼 움직이고, 불안해하지 않으려고 해봤자 불안에서 더욱 헤어나오기 힘들기 때문이다. 부교감신경을 강화하려면 저강도 운동이 좋다. 요가 중에서도 한 자세를 오래 유지하며 이완하는 하타 요가나 인 요가가 도움이 된다. 단, 함정이 있다. 남들에게 편안하다고 나에게도 편안한 건 아니다. 겉보기에 느리고 평화로운 모습이어도 나에게 너무 어려운 과제를 맞닥뜨리면 교감신경이 활성화되기 십상이어서 긴장 완화에 별로 도움이 되지 않는다. 나는 실제로 해봤더니 정해진 시퀀스를 변형하며 반복하는 아쉬탕가가 마음이 편했고, 가만히 버티는 하타는 고역이었다. 30초 동안 한 자세를 유지하는 것이 누군가에게는 휴식이지만 나처럼 성질 급한 누군가에게는 고문일 수 있다. 결국 직접 해봐야 내 몸의 반응을 알 수 있다는 이야기로 돌아오게 되었다.

반대로 낮에도 졸리고 무기력한 부교감신경 우세형이라면? 이때는 억지로라도 심장을 뛰게 하는 고강도 운동이 필요하다. 운동 자체가 각성을 유도하고 심장박동을 늘리므로, 교감신경을 깨우는 건 비교적 쉽다. 짧은 시간이라도 빠른 속도로 많은 에너지를 소모하는 운동이 유리하다. 스프린트, 버피, 점프 스쿼트 같은 짧고 강렬한 동작을 돌아가면서 하는 크로스핏이나 격투기도 좋다. 웨이트트레이닝도 고중량으로 할 때 더 효과적이며, 경쟁적인 구기종목처럼 짧고 굵게 에너지를 쏟는 운동은 무기력을 깨는 특효약이다.

본인의 자율신경 시소 균형이 어떻게 맞춰져 있는지 헷갈린다면 일단 걷기부터 해보자. 걷기는 체력이나 체형에 결정적인 변화를 줄 정도의 운동은 아니라고 생각하지만, 자율신경의 균형을 맞추는 데 최고의 명약이다. 실제로 불안과 우울은 섞여서 오기도 하고, 이런 때에는 거창한 운동을 시작하는 것이 어려울 수 있다. 걸으면서 드는 생각을 있는 그대로 느끼다 보면 더 좋은 답을 찾을 수 있다. 운동은 수단이다. 내가 왜 운동을 하는지를 유념하며 내 상황과 목적에 맞는 운동을 택하면 된다.

같은 운동도 사람마다 체감 난이도가 다르다. 스키 고수에게 초급 슬로프는 힐링이라 부교감신경이 활성화되지만, 왕초보에게는 공포의 현장이라 교감신경이 날뛴다. 중요한 건 나만의 적정 강도를 찾아 긴장과 이완의 균형을 유지하는 것이다. 그러기 위해서는 어느 정도 꾸준히 해서 숙련된 상태가 유리하다. 선택의 폭이 넓어지기 때문이다. 욕심내서 고강도로만 하면 교감신경이 과열되고 운동이 끝난 뒤 만성 피로가 오기 쉽다. 너무 빨리 근육을 만들고, 살을 빼고, 혈당을 낮추고, 실력이 좋아지길 바라는 성급한 마음은 긴장을 심하게 만들어 자율신경 균형에 오히려 좋지 않다.

과한 것은 모자란 것보다 못하다는 중용의 정신을 지키기란 참 어려운 일이다. 내가 무리하고 있는지 헷갈린다면 심박수를 재보자. 스마트워치가 없어도 손목이나 목에 손을 대고 맥박이 뛰는 횟수를 10초간 세 6을 곱하면 된다. 일반적으로 최대 심박수는 220에서 자기 나이를 뺀 수치다. 50세라면 170회가 최대치다. 심박수가 최대 심박수의 80~90퍼센트 수준까지 올라가면 고강도 운동이다. 50세 기준으로 분당 150회 이상(10초당 25회 이상) 뛴다면 상당히 힘든 상태다. 이때는 겉보기에 괜찮거나 아직 더 하고 싶은 마음이 들더라도 욕심부리지 말고 잠시 쉬어주는 게 자율신경의 균형을 지키는 길이다.

소홀하기 쉽겠지만 쿨다운, 즉 마무리 운동을 제대로 하는 것도 자율신경 균형에 큰 도움이 된다. 많은 사람들이 워밍업은 챙겨 해도 쿨다운은 쉽게 건너뛴다. 하지만 고강도 운동 후 갑자기 멈추면 혈압이 뚝 떨어져 어지럽고 심장에 무리가 간다. 가벼운 스트레칭으로 서서히 심박수를 낮춰야 부교감신경이 안전하게 바통을 이어받는다. 운동의 시작만큼이나 끝맺음도 중요하다. 잘 식혀주는 것까지가 운동이다.

약도 없다, 초민감자에게는 운동뿐

초민감자(HSP, Highly Sensitive Person)는 간단히 말해 더 많은 자극을 더 깊이 처리하는 신경계를 가진 사람들이다. 짚어둘 점은 HSP라고 모든 자극에 민감한 게 아니라는 사실이다. F씨는 감각적 초민감자다. 빛, 소리, 냄새, 온도, 옷의 질감에 극도로 예민하다. 커피가 아무리 맛있어도 음악이 시끄러우면 그 카페는 다시 안 간다. 여름 지하철 냄새에 지쳐 택시를 탔는데, 차량용 방향제 냄새 때문에 멀미를 한다. 한편 W씨는 정서적 초민감자다. 타인의 감정과 분위기를 스펀지처럼 흡수한다. 상대방의 미묘한 표정 변화나 말투를 곱씹느라 머릿속이 늘 바쁘다. 모임 한번 다녀오면 기가 빨려 며칠을 앓아눕는다. F씨는 소음을 차단하려고 노이즈 캔슬링 헤드폰을 쓰지만, W씨는 주변 소리가 안 들리면 불안해서 골전도 이어폰을 쓴다. 이렇듯 HSP라고 다 같은 게 아니다. 심지어 같은 HSP끼리도 "아니, 그런 것에 예민한 사람도 있어?" 하며 서로를 이해 못 하기도 한다.

나는 평소 아무 옷이나 잘 입고 음식도 가리지 않는다. 가게가 마음에 안 들면 다시는 안 가지만 리뷰를 남기지는 않는다. 하지만 어떤 분야에서는 아주 민감해진다. 글을 쓸 때는 반드시 특정 글씨체여야 해서 컴퓨터마다 그 폰트를 설치한다. 10대 때는 더 심했다. 수능 날 입을 옷의 감촉이 거슬릴까봐 몇 달 전부터 옷을 골랐고, 누구나 보는 『수학의 정석』은 판형과 내지가 싫다는 이유로 그것은 빼고 다른 문제집들로 공부했다. 운동에서도 그렇다. 멍들고 살이 쓸리는 폴댄스는 아무렇지 않은데, 발레 수업에서 바 하나에 여러 명이 붙어서 눈치 싸움 하는 건 못 견딘다. 내 공간이 확실히 보장되는 폴댄스가 나에게 맞았던 이유다. 결국 HSP가 잘 살아가려면 내가 어디에 털털하고 어디에는 예민한지를 정확히 파악해야 한다. 모든 것을 뭉뚱그려 "난 예민해."라고 하면 생활과 관계에 제한이 많아질 뿐이다.

HSP 기질 자체는 병이 아니므로 치료 대상이 아니다. 예민함이 몸으로 번져서 불면증이나 공황장애가 오면 약을 쓸 순 있다. 하지만 타고난 기질을 평생 약으로 누르며 사는 게 맞는 선택일까? 게다가 HSP들은 약물

부작용에도 민감하게 반응할 가능성이 높다. 의사로서 약물 치료의 이점을 믿지만, HSP의 특성을 증상으로 호소하는 분들에게는 처방이 주저되기도 한다.

HSP는 자극에 압도되어 쉽게 지치기 때문에 운동을 피하는 경향이 있다. 안 그래도 예민한데 운동하면 더 스트레스를 받지 않을까? 하지만 연구 결과들은 반대다. HSP가 꾸준히 운동하면 감각 예민성이 줄어들고 외부 세계에 대한 통제감이 생긴다. 예민한 신경계 때문에 수면 장애를 겪는 경우가 많은데, 운동은 깊은 잠을 유도하여 다음 날 컨디션 회복에 큰 도움을 줄 수도 있다. HSP에게 운동은 몸으로 하는 자신과의 대화다. 이제까지 마음속 대화로 초민감성을 해결하려는 시도도 해봤을 것이다. 혼자 일기를 쓰고 아무리 사색해봤자 예민함은 해결되지 않는다. 몸을 움직여 내 한계를 인식하고, 타인의 기대보다 내 컨디션을 우선시하는 훈련. 세상의 말보다 내 마음을 먼저 느끼는 과정. 그렇게 운동은 나 자신과 대화하고 이해하는 시간이며, 예민한 나를 돌보는 가장 적극적인 행위다.

단, 내향적인 사람이 외향적인 환경에서 운동을 하는 것이 권장되는 것과 달리 HSP는 좀 번거로워도 철저히 나에게 편한 환경을 고집해야 한다. 조명이 너무 밝거나 음악이 시끄러우면 운동 효과를 보기는커녕 체력만 방전된다. 음악 좀 꺼달라고 요구하기 힘들다면 내가 편한 곳을 찾아야 한다. 속도나 환경을 내 마음대로 할 수 있는 걷기, 달리기, 자전거부터 시작하자. 자이로토닉이나 검무처럼 센터가 많지 않은 운동은 선생님이나 환경이 마음에 안 들면 대안을 찾기 어렵다. 운동 환경은 인터넷으로 확인할 수 있는 시각적인 부분이 전부가 아니다. 후각, 청각 요소를 포함하므로 반드시 가서 한번 확인하자. HSP가 고려해야 할 요인은 운동 강도뿐만 아니라 환경적 스트레스도 포함된다. 결국 그런 부분까지 극복하면야 좋겠지만 처음부터 가혹한 환경에서 시작하지 않는 게 좋다. 다만 경험하기도 전에 섣불리 판단하지는 말자.

운동을 시작한 초반에 느끼는 불편함은 진짜로 불쾌한 것일까, 아니면 단지 변화로 인한 이물감일까? HSP는 변화 자체에 본능적 거부감을 느낀다. 그렇다고 "난 예민하니까."라면서 누워만 있으면 스트레스 저항력은 더 떨어진다. HSP가 민감하다고 해서 무조건 자극 없는 상태를 좋아하는 게 아니다. 나에게 맞는 적당한 양질의 자극을 원할 뿐이다. 앞서도 말했지만, HSP끼리야말로 절대로 같은 종족이 아니라서 빗소리를 들어야 잠이 오는 사람이 있고 빗소리 때문에 잠 못 드는 사람도 있다. 감각적으로 부정적인 경험이라고 해도 내가 자처하면 훨씬 낫다. 똑같은 상황이어도 예측하지 못했을 때보다는 대비했을 때 잘 받아들일 수 있다. 내가 미리 알고 선택한 자극은 오히려 치유가 된다. 좋아하는 운동에 몰입해 땀 흘리는 즐거움을 맛보면 그때까지 집착했던 불편함이 하찮게 느껴질 수도 있다. 그때 비로소 예민함의 껍질을 깨고 나오는 것이다.

마지막으로, "내가 HSP니까 네가 이해해."라는 태도는 경계해야 한다. 최근 일상생활에서도 심리학 용어가 빈번하게 쓰이며 자신을 MBTI의 특정 유형이나 HSP라는 틀에 가두고 세부적인 설명은 생략한 채 타인이 알아서 나를 파악하고 맞춰주기를 은근히 강요하는 경우가 많다. "난 HSP라 이런 음악은 싫어. 너희는 둔감하니까 나한테 맞춰." 이런 태도는 내 활동 반경을 좁히고 인생의 기회를 걷어찰 뿐이다. 세상 사람들도 다들 어느 정도는 예민하고, 참아가며 산다. 남들보다 예민한 것이 잘못은 아니지만 그렇다고 벼슬도 아니다. 세상이 나에게 맞춰주길 기다리지 말고, 내가 세상에 맞출 수 있는 부분은 맞춰가야 한다. 내 몸의 신호에 귀 기울여야 하는 건 남들이 아니라 바로 나 자신이다. 타고난 특성을 존중하되, 그 안에 갇히지 않는 나만의 운동법을 찾아보자.

이러니저러니 해도 결국은 해봐야 안다

우리가 인터넷으로 옷을 살 수 있는 이유는 매일 옷을 입기 때문이다. 내 사이즈를 알고, 내 체형에 어떤 스타일이 어울리는지 수없는 시행착오를 겪었기에 모니터 속 정보만 보고도 대충 감이 온다. 그런데 운동 초보자가 "나한테 무슨 운동이 맞을까?" 하고 유튜브만 뒤적거리는 건 내 사이즈도 모른 채 인터넷 쇼핑몰을 헤매는 것과 같다. 요즘은 AI 의존도가 높아지면서 많은 사람들이 실행보다는 예측에 과도한 에너지를 쓴다. 시간과 돈 낭비가 싫어서다. 하지만 이 운동은 할 만할까 하고 머릿속으로 시뮬레이션만 오래 돌리는 것보다 한번 직접 해보는 게 여러모로 훨씬 효율적이다.

법을 어기거나 마약이나 도박 등 누가 봐도 나쁜 일을 제외하고 인생에서 신중하게 시도할 문제는 딱 두 가지다. 첫째는 결혼이다. 되돌리기 힘들고, 이혼이라는 절차를 밟을 수 있지만 비용과 정서적 손해가 막심하다. 자녀가 있다면 문제는 더 복잡하다. 둘째는 사업이다. 사무실이나 가게 월세를 내고 직원을 고용하는 순간부터 엄청난 책임이 따른다. 하지만 운동은? 헬스장에 등록했다가 나와 안 맞는 것이 큰일은 아니다. 스키를 처음 타는 사람이 선수처럼 다치기도 어렵듯, 초보자의 시도는 생각보다 위험하지 않다. 많은 사람이 리스크를 피하려다가 아무것도 하지 않는 리스크를 떠안는다. 고민만 하다가 세월을 보내는 것 역시 하나의 선택이다. 결혼이나 사업처럼 인생의 중대한 문제도 아닌데 운동을 시도하는 데 너무 두려움을 갖지 말자.

수많은 운동 에세이를 보면 다들 자기가 하는 운동이 최고라고 한다. 맨몸운동이 좋은가 웨이트가 좋은가, 자전거가 좋은가 러닝이 좋은가 많이들 논쟁한다. 나도 사람들을 만나면 폴댄스를 해보라고 설득하고 싶어 입이 근질거린다. 이런 싸움은 의미가 없다. 각자에게 맞는 옷이 다르듯, 운동도 그렇다. 남의 경험담으로 나를 알 수는 없다. 아무리 정보가 많아졌다 해도 언어나 영상으로는 전달할 수 없는 부분이 있다. 그 느낌은 직접 몸으로 부딪쳐봐야 안다. 인간의 가장 큰 착각 중 하나는 내가 나를 잘 안다고 생각하는 것이다. 스스로를 돌아보는 행위는 경험과 어우러졌을 때 의미 있는 것이지, 끊임없이 나를 돌아보기만 한다고 유의미한 진전이 있는 것은 아니다. 가만히 앉아서 나를 정의 내리는 것이야말로 정신적인 사치다.

어떤 운동을 시작하기 전에 그 운동의 특성을 전부 예측하지 못하는 것은 당연하다. 발레에 도전했다가 세 번이나 좌절했고, 철봉엔 1초도 못 매달리고, 평생 짧은 치마는 입어본 적도 없고, 이석증으로 어지럼증을 달고 사는 40대 후반인 나. 그런 내가 폴댄스를 2년 넘게 할 줄은 나도 몰랐다. 막상 해보니 폴댄스는 춤이라기보다 기계체조나 차력에 가까웠고 발이 느려도 상관없다는 장점이 있었으며, 매번 새로운 퀘스트를 깨는 맛이 있었다. 해보지 않았다면 평생 몰랐을 사실이다. 하지만 이것은 나의 경험일 뿐이다. 당신의 경험은 무엇인가? 어울릴 줄 알았던 옷이 내 체형과는 너무 안 어울릴 수도 있다. 운동도 옷처럼 입어봐야 안다. 타인의 경험담에 내 인생을 맡길 수는 없다.

운동을 하면 생전 처음 느껴보는 근육의 자극, 낯선 고유감각의 변화를 겪는다. 때로는 어떤 근육의 존재를 살면서 처음 알게 되기도 한다. 그게 너무 좋을 수도 있고, 싫을 수도 있다. 내가 이동한 거리나 소모한 칼로리 등 기록 경신에 희열을 느끼는 사람인지, 아니면 요가처럼 정적인 수련을 좋아하는 사람인지는 몸으로 경험해봐야 안다. 운동을 한번 체험했다가 왜 그랬을까 후회하는 경우는 드물다. 나랑 안 맞아서 다시는 꼴도 보기 싫다면 일단 삶의 리스트에서 확실히 지웠으니 그 시간은 가치 있는 것이다. 그리고 많은 경우 후회는 경험 자체 때문이 아니라 너무 많은 시간이나 비용을 투자했기 때문에 한다. 그런 상황을 막으려면 덜 후회할 환경을 만들면 된다. 수영을 6개월치나 등록했는데 막상 해보니 안 맞다면 가도 안 가도 후회막심일 것이다. 그러니 덜 후회할 환경을 만들자. 짧게 등록하고, 가볍게 시작하자.

누구에게나 인생은 짧고 유한하다. 점심 메뉴를 고르느라 이러지도 저러지도 못한 채 흘려보내는 1시간이 매일같이 모이면 삶을 어느새 낭비하게 된다. 대부분 이득에 대한 좋은 기대보다는 손해를 예측할 때의 걱정이 훨씬 크다. 특히 나이가 들수록 예측하는 시간이 길어지는데, 사람에게 속아보면 누군가를 쉽게 못 믿게 되는 것이 당연하고 투자에 실패한 경험이 있으면 다음번에 신중해질 수밖에 없다. 그러나 삶에서 돌이킬 수 없는 선택은 몇 없다. 모든 선택에 인생이 뒤집힐 것처럼 비장한 마음가짐으로 임할 필요는 없다. 정말로 힘을 쥐야 하는 중요한 순간에 힘을 쥐야 한다. 운동을 하느냐 마느냐는 오래 생각할 문제가 아니다. 일단 해보고 마음에 들지 않으면 다른 운동으로 바꾸면 된다. 평생직장을 고른다기보다 단기 아르바이트를 고른다는 가벼운 마음으로 접근하자. 해보고 별로면 그만두고 다른 걸 하면 된다.

처음부터 딱 맞는 운동을 찾으려 하지 마라. 나의 가장 친한 친구는 지금 PT, 복싱, 골프를 섞어서 주 3, 4회 운동한다. 출산휴가 2개월 외에는 일을 쉰 적이 없는데, 쉬엄쉬엄 가도 정상까지 30분이면 오르는 성산일출봉 등반을 중도 포기하며 충격을 받아 운동을 시작했다. 처음부터 자기에게 맞는 운동만으로 루틴을 만든 것은 아니다. 다양한 선생님을 만나는 것을 비롯해 수많은 시행착오 끝에 찾은 그만의 황금 비율이다. 그는 1:1 수업을 선호하고, 나는 싫어한다. 우린 둘 다 머리로 예측하지 않았다. 직접 경험해보고 깨달았기 때문에 미련이 없는 것이다. 처음부터 가장 좋은 선택을 하려는 마음, 실패하지 않으려는 마음으로 시간을 낭비하지 말자.

단, 시작은 가볍게 하되, 결제는 신중하게 하자. 체험 당일 등록하면 할인해준다는 말에 혹하지 말고 딱 하룻밤만 몸과 마음을 지켜보자. 첫째, 통증 체크. 안 쓰던 근육이 놀란 정도면 괜찮지만, 고질적으로 약한 관절이나 인대가 아프다면 곤란하다. 둘째, 기분 체크. 운동이 끝나고 기분이 더러웠는지, 상쾌했는지 떠올려보자. 셋째,

현실적 여건. 갈 때는 편했는데 올 때는 차가 막혀서 지옥 같지 않았는지, 선생님의 말이 묘하게 거슬리지는 않았는지. 의학적 시술의 경우도 한 번 받아보고 부작용이 없는지 확인한 뒤 이후 과정을 진행하는데, 몸을 맡기는 운동도 당연히 그래야 한다. 아까는 너무 오래 고민하지 말라더니, 지금은 또 고민하라고? 그래서 제안하는 시간이 하루다. 나는 다니던 센터가 문을 닫아 3주 동안 이곳저곳 체험 수업만 다닌 적도 있다. 민망할 거 없다. 구경만 한 게 아니라 그 시간에도 운동을 했으니 내 몸엔 이득이다.

체험 수업도 귀찮다면 남들이 제일 많이 하는 것부터 해봐도 좋다. 헬스장이나 야외 달리기는 진입 장벽도 낮다. 도중에 한계에 부딪혔을 때 계속하고 싶다면 기능성 운동복이나 러닝화를 마련하면 된다. 헬스장이 지겨우면 밖으로 나가고, 달리다가 좀 더 빠른 속도로 멀리까지 가고 싶어진다면 자전거를 타면 된다. 지금 내 선택이 인생 최고의 선택은 아닐지라도, 그 순간엔 최선이었으니 된 거다. 경험을 통해 내가 어떤 사람인지 알아가는 기회, 그게 운동이 주는 또 다른 선물이다.

운동을 방해하는 갖가지 사정

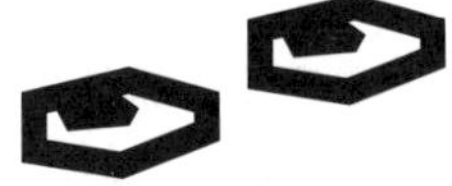

운동할 시간이 없다면

책이나 SNS에 운동에 대한 지식이 넘치지만, 아무리 전문가라도 다른 사람이 처한 사정은 잘 모른다. "진정으로 건강을 생각한다면 운동하는 시간을 충분히 들여라." 맞는 말인 건 알겠는데, 그 '충분한 시간'이 날 때까지 기다리다 보면 10년이 훌쩍 흐르기도 한다. 운동만 하고 살 것도 아닌데, 일부 전문가들이 주장하는 운동 시간은 너무 길다. 일상을 살아가는 평범한 우리는 시간이 충분하지 않아도 그냥 시작하면 된다.

싱글맘 M씨는 초등학생 아이를 혼자 키운다. 러닝을

해보고 싶지만, 퇴근하면 아이 픽업하랴 살림하랴 몸이 열 개라도 모자란다. 아이가 해가 진 뒤 엄마와 떨어지는 걸 힘들어해서 저녁 운동은 애초에 꿈도 못 꿨다. 새벽 운동을 시도했지만 피곤에 지쳐 매번 실패했다. 아이가 초등학교 3학년이 되자 딱 15분 정도는 혼자 있을 수 있게 되었다. M씨는 아파트 엘리베이터로 오르내리는 시간을 빼고 단 10분을 운동 시간으로 확보했다. 처음엔 줄넘기를 했지만 재미가 없어서 아파트 앞 100미터를 전속력으로 왕복해 달리기 시작했다. 아이가 베란다에서 내다볼 수 있는 거리, 무슨 일이 생기면 바로 뛰어갈 수 있는 거리였다. 달리기 어플에는 같은 자리를 수십 번 오간 굵은 선 하나가 그려졌다. 아이도 가끔은 따라 나가서 같이 달리기도 하고, 때로는 M씨를 구경했다. 그런 경험이 반복되니 엄마가 멀리 가지 않는다는 것도 깨닫게 되었다. 그렇게 100미터 왕복 달리기로 단련된 M씨. M씨는 그 순간이 즐거웠고 삶에 기다림이 생겼다. 엄마 마음이 편해지자 아이의 분리불안도 줄었다. M씨는 아이에게 전화가 오면 꼭 받기로 약속하고 단지 내를 돌며 달리는 시간과 거리를 늘렸다. 집에서는 동영상을 보며 러너에게 좋다는 하체운동과 스트레칭을 했다. 예전에는 홈트를 시작했다가도 그만두기 일쑤였는데, 목표가 생기니 계속할 수 있었다. 자신에게 주어진 그 짧은 시간을 소중히 하며 누구보다도 열심히 뛴 M씨는 결국 하프 마라톤까지 완주할 수 있었다! 같은 달리기라도 장거리와 단거리를 위한 근육은 서로 다르다는 말도, 하프 마라톤을 연습해보지도 않고 바로 대회에 나가면 위험할 수 있다는 말도 다 맞다. 하지만 M씨는 그럴 사정이 안 된다고 포기하지 않았다.

많은 사람이 힘든 일과 후 가만히 누워 유튜브를 보며 배달 음식 먹는 것을 힐링이라고 여긴다. 하지만 하루 종일 굽은 등으로 일한 나에게 필요한 휴식이 정말 그런 것일까? M씨에게는 토할 것같이 달리는 그 10분이 나 자신을 돌보는 시간이었다. 물론 어린아이가 자랄 때는 기다려야 한다. 하지만 기다림은 반드시 가만히 앉아서 시간만 보내는 것이 아니다. 우리는 달리면서, 춤추면서, 아령을 들면서 기다릴 수 있다.

부부가 함께 아이를 키우는 경우도 바쁜 업무보다는 육아 때문에 운동을 못 한다는 분들이 더 많다. 몇 가지 이유가 있다. 첫째, 가족이 늘 같이 붙어 있는 그림이 정답이라는 통념 때문이다. 아이 둘 정도는 부모 중 한 명이 일정 시간 혼자 케어할 수 있다. 많은 경우 아이의 요구를 즉시 들어주려고 하니 둘이서 한 명을 돌봐도 벅찬 것이다. 아이도 기다림을 배워야 한다. 부모가 교대로 돌보고 각자 자유시간을 갖는 편이 서로 더 행복할 수도 있다. 둘째, 아이와 오랜 시간을 보내야 한다는 강박 때문이다. 육아는 양보다 질이다. 두부를 쥐는 것과 같다. 놓쳐서도 안 되지만, 너무 꽉 쥐면 으깨진다. 아이와 무조건 오랜 시간을 보낸다고 유대가 깊어지는 것은 아니다. 셋째, 부부간의 미묘한 힘겨루기 탓도 있다. "내가 돈 버느라 얼마나 힘든데 당신은 혼자 운동을 가?" "나는 종일 애 봤는데 당신만 할 것 다 하고 살아?" 부부 관계에 얽혀 있는 억울함, 서로 손해 보기 싫은 마음이다. 결국 행복한 부부 생활을 지속하게 하는 힘은 상대를 향한 연민이다. 함께 고군분투하는 삶에서 나 자신도 불쌍하지만, 애쓰는 상대방의 삶도 안쓰러워하는 것이다. 이런 부분을 보게 된다면 서로 좀 더 건강해질 수 있는 기회가 생긴다. 육아도 결국 체력전이다. 저질체력으로 빠르게 지쳐 아이에게 짜증을 내느니, 운동하고 와서 웃으며 놀아주는 부모가 백배 낫다.

나도 대학병원 교수 시절엔 주 70시간을 일하느라 운동은 엄두도 못 냈다. 개원 후에도 육아와 진료로 헬스장에 갈 시간이 없어 러닝머신, 실내자전거, 치닝디핑, AB 슬라이드, 푸시업바, 윗몸일으키기 도구, 각종 훌라

후프, 장요근 마사지기, 폼롤러 등 온갖 운동기구를 사 들였다.(사실은 더 많은데 이 정도만 소개한다.) 그중 가장 도움이 된 두 가지를 꼽으라면 요가 매트와 휴대용 삼각대다. 요가를 안 하고 간단한 운동만 하더라도 매트는 층간소음 방지와 무릎 보호를 위해 필수다. 스쿼트나 런지를 해도 균형을 잃고 넘어졌을 때 타격이 적다. 너무 저렴한 것은 쉽게 부스러지고 찢어지지만 자주 교체하는 게 좋다면 그것도 나쁘지 않다. 너무 두꺼우면 푹신하긴 하지만 잘 미끄러지고, 보관을 위해 말아서 옮길 때 무겁다. 너무 얇으면 아플 수 있다. 그리고 2위가 무슨 휴대용 삼각대냐고 할 수도 있겠지만, 집에 TV가 없거나 TV를 가족이 차지하고 있을 때 스마트폰을 올려놓고 홈트 영상을 따라 하기 좋다. 특정 동작을 하는 내 자세를 찍어 확인할 수도 있고, 런지 또는 스쿼트를 하면서 넷플릭스를 볼 때도 유용하다. 하루 종일 앉아 있는 사무직이라면 똑같이 예능 영상을 봐도 삼각대에 핸드폰을 올려놓은 채 서서 보면 가벼운 체조라도 하게 되기 쉽고 목디스크 예방에도 좋다. 누군가는 운동할 땐 운동에만 집중하라고 할 수도 있지만, 반대로 생각해보자. 예능 프로그램을 보는데 운동도 하는 거라면? 그렇게라도 몸을 움직이는 게 가만히 있는 것보다 백배 낫다. 낡은 운동화는 버리느니 현관문 밖에 두는 것도 좋다. '대관령보다 높은 것이 현관령'이기에 퇴근하고 귀가해 달리러 다시 나가기는 굉장히 힘들다. 나의 경우 후배의 조언에 따라 현관 소화전에 신발을 넣어두니 퇴근하자마자 10분이라도 달리게 되는 효과가 있었다.

시간이 없는 사람에게 가장 중요한 건 접근성이다. 접근성에는 이동 거리, 이용 가능한 시간 등 여러 요소가 포함된다. 폴댄스나 프리다이빙처럼 센터가 드문 운동은 포기하기 쉽다. 센터가 멀면 빠지기 쉽다. 지하철로 이동한다면 정거장 수만 보지 말고 집 현관에서 센터 탈의실까지 걸리는 실제 시간을 재봐야 한다. 출퇴근길에 운동을 할 경우 그럼으로써 시간이 얼마나 소모되는지 정확히 알아보면 좋다. 직장인 O씨는 1시간 일찍 출근해서 회사 헬스장을 이용한다. 출근시간인 8시에 맞추려면 집에서 회사까지 1시간이 걸리지만, 그보다 이른 시간대에는 40분이면 회사에 도착하기 때문이다. 길에 버리는 20분을 운동 시간으로 바꾼 셈이다. 일찍 일어나니 밤에 일찍 잠들게 되어 수면 패턴도 건강해졌다.

목표 설정도 유연해야 한다. 하루 단위의 목표에 압박감을 느끼는 나에게는 매일 1킬로미터씩 뛴다는 목표가 너무 버거웠지만, 일주일에 총 7킬로미터를 뛰기로 하니 할 만했다. 주말에 몰아서 해도 되고, 평일에 나눠서 해도 된다. 어떤 사람은 한 달에 50킬로미터라는 목표를 세우고, 다른 누군가는 하루 500미터가 잘 맞는다. 각자의 시계는 다르게 돌아간다. 여러 가지 운동을 한다면 환전 개념을 쓰는 것도 괜찮다. 예를 들어 '이번 주 목표는 달리기와 자전거 20킬로미터'로 설정해두고 운동의 종류가 달라도 합치는 것이다. 달리기를 3킬로미터씩 두 번 한 경우 주말에 자전거로 14킬로미터를 채우면 목표 달성이다. 또는 '달리기 5분=스트레칭 20분'처럼 나만의 환율을 정해두면 아이가 아프거나 야근을 해도 유동적으로 대처할 수 있다.

운동에 정답은 없다. 충분한 시간을 들여야 한다는 강박이 우리를 더 지치게 한다. 운동이 직업인 전문가들은 보통 사람의 시간 없음을 이해하지 못할 때도 있다는 걸 감안하자. 그들의 기준에 나를 맞추는 것보다는 나 자신을 이해하는 것이 먼저다. 운동을 내 생활에 맞춰야지, 내가 운동에 끌려다녀선 안 된다.

호텔 노동자들에게 객실 청소, 시트 교체, 서빙 등 각 작업에 칼로리가 얼마만큼 소모되는지 알려줬더니 실제 건강 지표가 좋아졌다는 연구가 있다. 우리가 살아가며 매 순간 행동의 의미를 곱씹는 것은 아니지만, 그래도 인간은 지금 내가 하는 일의 의미를 인지하면 실제로 의미 있는 순간을 보낼 수 있다. 의미를 부여하면 운동이 아니었던 것도 운동이 된다. 작정하고 하는 운동만큼 가사노동이 효과적이라고 우기지는 않겠다. 그러나 어차피 해야 할 설거지와 청소라면, "이것도 칼로리 소모다!"라고 의미를 얹어보자. 태도를 바꾼다면 하기 싫은 집안일을 하는 순간도 노동 시간이 아니라 나를 위한 운동 시간이 될 수 있지 않을까?

경제적으로 운동하기

돈은 인생의 전부가 아니지만, 돈이 중요하지 않다고 강조하는 사람은 위험하다. 물질적 욕망을 버리라며 재산을 헌납하게 만드는 사이비 종교, 가치 있는 일이라며 무상 노동을 강요하는 회사, 우리 사이에 무슨 계산이냐며 정작 만나면 밥은 한 번도 안 사는 친구, 가족같이 진료한다며 비싼 치료를 권하는 병원…… 실제 행동으로 증명한 게 아니라면 믿을 필요가 없다. 운동 역시 접근성, 의지, 멘탈만큼 돈도 중요하다. 돈이 없으면 운동을 계속하기 힘들거나 시작할 엄두조차 내기 어려운 경우도 있다. 돈도 없는데 건강까지 잃으면 더 속상한 일인데, 돈 없이 운동하려면 어떻게 해야 할까?

돈이 가장 적게 드는 운동은 역시 집에서 하는 맨몸 운동이다. 덤벨을 비롯한 아무 도구도 필요 없는 팔굽혀 펴기, 플랭크, 스쿼트, 런지, 레그레이즈 정도만 해도 엄청난 운동이 된다. 물론 자세에 대한 피드백 없이, 게다가 자신의 의지만으로 계속하는 것은 은근히 어려울 수 있다. 그렇다면 돈이 가장 적게 드는 야외운동은 무엇일까? 줄넘기가 아닐까. 주변에 달리기가 어려운 좁은 비탈길뿐이라도 작은 공터만 있으면 줄넘기는 할 수 있다. 선수용이라는 타이틀이 붙은 줄넘기도 1만 원 선이면 사고, 특수 기능이 없는 기본형은 몇천 원이면 충분하다. 투자 대비 운동 효과는 최고다. 러닝도 원래는 돈이 거의 안 드는 운동이었지만, 붐이 일면서 달라졌다. 공급이 수요를 만들면서 러닝화, 의류, 스마트워치, 유료 마라톤 대회 등 이제 돈 쓸 곳이 넘쳐난다. 줄넘기를 한다고 하면 주변에서 딱히 어떤 줄넘기를 사라거나 전용 신발을 신어야 한다고 참견하지 않지만, 러닝을 한다고 하면 꼭 장비 훈수를 두는 사람이 나타난다. 사회적 동물인 인간은 영향을 받을 수밖에 없다.

등산도 돈이 덜 든다고 하지만, 막상 시작하려면 등

산화가 꽤 비싸다. 고어텍스 소재는 가볍고 방수가 되는 대신 가격이 뛴다. 하지만 굳이 그 소재를 고집할 필요가 없고, 비싼 방수 등산화를 사느니 그냥 비 오는 날은 등산을 안 가는 게 낫다. 등산은 운동량이 많고, 변화무쌍한 길을 통해 상쾌한 자연을 느끼는 재미는 다른 것으로 대체할 수 없지만 진입 장벽이 높다. 특히 화장실 문제 등으로 여성들이 기피하는 운동 1순위이기도 하다. 백록담, 천왕봉 등반 인증샷을 올려도 힘들겠다며 불쌍해할 뿐 부러워하지는 않는다. 무엇보다 난이도가 문제다. 북한산, 도봉산, 관악산은 도심에서 가까워 많이들 가니 쉬울 것 같지만 메인 코스는 꽤 험하다. 초보자가 멋모르고 갔다가 학을 떼기 딱 좋다. 이른바 쉬운 코스라는 것도 등산을 여러 번 다녀본 사람 기준이지 실상은 생각보다 어려워서, 의사들끼리 할 만하다고 인왕산에 갔다가 두 명이 기절할 뻔해서 놀란 적도 있다. 그러니 전통적 등산로보다는 둘레길이나 보행 약자도 편하게 걸을 수 있는 무장애 숲길부터 도전하자. 서울이라면 안산 자락길, 북악산 성곽길처럼 잘 조성된 쉬운 길부터 가보고, 그 코스가 싱거워지면 그때 등산화를 사도 늦지 않다. 등산화 다음으로 돈이 들어가는 장비는 스틱인데, 비싼 걸 사도 결국 소모품이다. 등산을 하면서 가장 돈을 아끼는 팁은 물과 간식을 집에서 챙겨가는 것이다. 등산로 입구의 파전과 백숙 집에서 은근히 돈이 새는 묘한 운동이니까 말이다.

골프는 돈을 적게 들이면서 할 방법이 대한민국엔 없다. "생각보다 돈이 덜 든다"는 말은 진작 장비까지 다 갖추고 레슨을 졸업한 고인물들의 이야기다. 혼자 습득하기가 그 어떤 운동보다 어렵고 그룹 레슨도 없다. 어찌어찌 초보를 벗어나 필드에 나가게 된다면 미국보다 그린피가 세 배는 비싸고 캐디피까지 추가로 든다. 한 팀이 한 홀에서 쓸 수 있는 시간은 7분 정도로 짧아서 초보가 뒤따라오는 다음 팀 눈치 안 보고 여유 있게 즐기려면 최고급 골프장을 가야 하는데, 그러면 당연히 비용은 훌쩍 뛴다. 사업이나 업무 상의 이유로 어쩔 수 없는 경우가 아닌 이상은 경제적 여유가 있을 때 시작하는 게 정신건강에 좋다. 골프, 스쿠버다이빙, 승마, 펜싱처럼 돈이 많이 드는 스포츠에 빠진 사람들은 늘 생각보다는 비용이 덜 든다고 합리화하지만, 그런 운동은 대개 강습비부터 비싸다.

장비나 옷 욕심은 조심해야 한다. 마니아들의 조언은 기준치가 높다. 그들은 오래 같이 즐기고 싶은 순수한 마음으로 좋은 걸 추천하겠지만, 내 지갑 사정은 내가 챙겨야 한다. 물론 투자 비용을 회수하고 싶은 심리 때문에 비싼 옷을 사면 적어도 구매 직후에는 운동을 조금 더 성실히 하게 되는 효과는 있다. 하지만 자꾸 옷이 사고 싶다면 '이 운동을 그만둬도 평소에 입을 수 있나?'를 따져보자. 너무 튀거나 특정 운동의 색채가 강한 형태 혹은 브랜드보다는 일상복 겸용이 안전하다. 인생 운동은 없다. 운동에 끌려다니지 않고 주도권을 쥐려면, 안전 장비 외에는 지나치게 투자하지 말아야 한다. 하지만 복장을 제대로 갖춰야 할 맛이 난다는 사람들도 많고, 나부터가 옷장에 운동복만 가득하니 참 어려운 문제다.

경제적이라는 건 돈만 아낀다는 뜻이 아니다. 그 시간에 나에게 맞는 운동을 했다면 얻었을 행복과 건강까지 고려해야 한다. 나랑 안 맞는 운동을 억지로 계속하는 것이야말로 시간과 돈을 버리는 짓이다. 이미 몇 번을 말했지만, 운동은 직접 해봐야 안다. 머릿속 계산기는 그만 두드리고 한 번이라도 직접 해보자. 체험 수업료가 아무리 비싸도 정식 등록 회비보다 적으니 아까워하지 말자. 사람마다 다르겠지만 나는 체험 자체를 거부하는 센터는 피한다. 동네에 시설 좋은 헬스장이 생겼는데, 회원 관리 차원에서 1일권은 안 팔고 등록도 6개월 이상만 받았다. 희소성 마케팅에 넘어가 6개월권을 끊었는데, 갈 때마다 PT 영업을 하고 막상 PT는 받아보니 재미가 없어서 결국 돈만 날렸다. 내 생애 최악의 운동 투자였다. 부정적인 경험이 나쁜 이유는 그 이후의 기회도 놓치게 만들기 때문이다. 그 경험 탓에 10년간 웨이트트레이닝이나 PT 쪽은 쳐다보지도 않은 것이 아쉽다.

환자들에게 심리상담센터를 소개할 때도 일단 한 번은 해봐야 안다고 조언한다. 1회 받아보고 마음에 들면 10회를 등록하되, 환불 규정을 반드시 확인하자. 예를 들어 1회 7만 원, 10회 50만 원(회당 5만 원)인 경우, 10회를 한꺼번에 등록하고 4회만 진행한 뒤 환불하면 20만 원(5만 원×4회)을 빼주는 식이 아닌 센터가 더 많다. 정상가인 28만 원(7만 원×4회)을 차감하고 22만 원만 돌려주는 것이 일반적이다. 유효기간 내에 환불이라도 되면 양반이다. 껄끄러워 말고 이런 규정을 미리, 꼼꼼히, 깨알 같은 글씨까지 확인해야 한다. 물론 소비자로서도 무리한 요구는 하지 말아야겠지만, 약속은 확실할수록 좋다. 너무 먼 미래까지 기약하지 말자. 세상살이의 많은 부분이 이미 짐인데 운동까지 짐이 되어서는 안 된다. 가볍게 시작하고, 언제든 그만둘 수 있는 자유를 남겨두는 것. 그게 진짜 경제적인 운동법이다.

좋아하는 운동을 잠시 멈춰야 할 때

의학은 기본적으로 부정적인 예측을 하는 학문이다. 예를 들어, 감기는 푹 쉬면 대부분 일주일 안에 낫지만 병원에 온 환자를 "그냥 가만둬도 좋아집니다."라며 그대로 돌려보내는 의사는 없다. 폐렴으로 악화될 만약의 가능성을 염두에 두고 치료를 권한다. 의사라면 환자가 나을 수 있다는 긍정적 태도는 갖되 무조건 다 잘될 거라는 식의 대책 없는 낙관은 경계한다. 우울증도 자연 치유가 될 수는 있겠지만 그 희박한 가능성에 기대는 의사는 없다. 회복 시간을 단축하고, 그 기간의 고통을 줄여주는 게 의사의 의무니까.

통증이 사라지기까지는 어느 정도의 시간이 필요하다. 평소 운동을 하던 사람이 몸이 불편해서 병원을 찾는다면 "운동하셔도 괜찮습니다."라는 소견을 어서 듣고 싶어한다. 하지만 정말 안전하지 않은 상황에서 의사가 그 말을 해주긴 어렵다. 의료는 최악의 상황을 대비하기 때문이다. 운동을 즐기던 사람들의 경우 어떻게든 괜찮다는 말을 들으려고 '답정너' 자세로 병원을 순회하기도 한다. 서로 피곤해질 뿐이다. 건강해지자고 시작한 운동인데, 몸이 더 상한다면 그보다 억울한 일이 어디 있겠

나. 가시에 찔리면 따끔한 통증 덕분에 손을 빼 더욱 깊이 찔리는 상황을 막을 수 있다. 고통은 우리를 보호하는 강력한 신호다. "뭔가 잘못됐으니 이제까지와 다르게 나를 좀 돌봐달라"는 요청이다. 그 목소리를 무시하지 말고 귀를 기울여야 한다.

무슨 병이든 묵히지 말고 빨리 치료해야 빨리 낫지만, 회복에서 중요한 것은 시간의 힘이다. 처음 간 병원에서는 안 낫다가 네 번째 간 병원에서 나으면 역시 마지막 의사가 명의라고 여길 수 있다. 사실은 그사이 시간이 흘러 나을 때가 되어서 나은 것인데도. 나 역시 첫 번째 의사가 되어 억울해하기도, 네 번째 의사가 되어 과분한 칭찬을 듣기도 한다. 특히 근골격계 질환에서 시간의 흐름은 너무나 중요하다. 나이가 들수록 뼈는 약해지고, 연골은 닳고, 관절 윤활유는 마른다. 혈액순환이 더디고 염증에는 약하다. 기다림이 필요하다. 마냥 누워만 있으라는 게 아니다. 치료기간을 가벼운 움직임으로 채우는 것도 회복을 돕는 적극적인 기다림이다.

원래 사람이 무언가를 자의로 안 하는 건 괜찮아도 못 하게 되면 그렇게 초조해한다. 선택권을 잃어버렸기 때문이다. 운동은 하면 좋은 것이지 못 한다고 큰일 나지 않는다. 몸에 운동을 맞춰야지 운동에 몸을 억지로 끼

워맞출 순 없다. 조급해하지 말자. 쉬는 동안 실력이 줄어들까봐 전전긍긍하는 경우가 많은데, 솔직히 몇 주 쉬면 실력은 줄어든다. 하지만 우리는 둥근가시곡선 위에 있음을 기억하자. 쉬지 않고 해도 어차피 실력은 전진과 후퇴를 반복한다. 푹 쉬고 다시 시작하면 예전 실력으로 복구하는 속도가 처음 배울 때보다 훨씬 빠르다. 욕심을 부려 무리하다 보면 다칠 가능성이 높아지므로 조심해야 한다. 아픈 부위에 계속 충격이 쌓이면 회복은 더뎌지고, 결국 인생 전체에서 운동을 할 기회는 더 줄어들 수 있다. 영영 운동을 못 하게 된다면 더 억울한 일 아닌가? 사람은 누구나 근시안적이고 멀리 보기가 참 어렵지만, 당장의 조급함 때문에 평생 운동할 기회를 놓치는 것은 안타깝다. 조금 더 기다려야 훨씬 더 오래 운동한다.

전업주부 S씨는 아이가 중학교에 가면서 생긴 빈둥지증후군을 이겨보려 크로스핏을 시작했다가 어깨를 다쳤다. 더 무거운 중량을 들고자 하는 욕심이 화근이었다. 엑스레이만으로 확연히 보일 만큼 어깨 석회화가 심각했고, 밤마다 불타는 듯한 통증에 시달렸다. 운동을 못 하게 되자 우울증과 불면증이 덮쳤다. 삶의 활력을 찾으려는 노력이 물거품이 된 것 같아 견딜 수가 없었다. 처지에 대한 비관뿐 아니라 통증 때문에도 잠이 안 왔다. 통증의학과에서 처방받은 스테로이드제까지 한몫해 잠을 더 못 잤다. 나는 활동적인 S씨에게 어깨를 직접 쓰는 운동만 피하고 하체운동을 해보자고 제안했다. 일주일 후, S씨는 잠은 좀 잤지만 여전히 불안해했다. 달리기를 하면 지면에 발이 닿을 때 충격이 어깨까지 느껴지고, 자전거는 핸들 잡는 팔에 힘이 들어가 아프다고 했다. 운동 지식이 해박한 S씨는 근손실 걱정에 시달리며 운동을 영영 못 할 수도 있다는 불안감에 시달렸지만, 그래도 결국 타협했다. 운동하는 생활로 다시 돌아갔을 때 잘하기 위해 집에서 스쿼트, 런지처럼 진동이 없는 하체운동과 스트레칭 위주로 하기로. S씨는 하체운동만 하며 두 달을 버텼고, 이후 재활 PT를 받으며 서서히 회복했다. 통증이 있다고 전면 휴업할 필요는 없다. 운동을 제대로 하는 것과 아예 안 하는 것 사이에는 수많은 중간 단계가 있다. 재활 중 느끼는 가벼운 통증은 좋은 통증이다. 몸이 회복되고 있다는 신호다. 단, 관절 통증과 가벼운 근육통을 구별하기 어렵다면 그때마다 전문가와 상의하는 것이 중요하다.

부상 부위에 따라 회복 속도는 천차만별이다.

① 피부: 혈액 공급이 풍부해 찰과상이나 멍은 금방

낫는다.

② 근육: 파열되어도 쉬면 대부분 잘 낫는다.

③ 뼈: 부러지면 붙는 데 시간이 걸리지만 그 시간은 대체로 예측이 가능한 범위에 있다.

④ 인대와 관절: 이게 문제다. 회복이 가장 더디다. 혈관이 적어 영양분이 배달되기 어렵기 때문이다. 특히 관절 연골은 혈관이 아예 없고 신경도 거의 없어 다쳐도 통증을 잘 못 느끼다가 심해진 뒤에야 깨닫는다. 자연 치유가 어렵고 영영 회복되지 않기도 한다.

그러니 인대나 관절 손상 진단을 받았다면? 무조건 푹 쉬어야 한다. 내가 특히 약한 관절에 무리가 되는 운동을 하고 있다면 종목 변경도 진지하게 고려해야 한다. 우리는 앞으로 얼마나 더 오래 살아야 할지 모른다. 100 세까지 내 몸과 잘 지내야 하는데 자꾸 몸에게 참고 버티라고만 하지는 말자.

지금 당장 아픈 몸을 위한 운동

정신건강의학과 의사 입장에서야 "운동해도 되나요?"라

는 질문에 하지 말라고 답한 적은 한 번도 없다. 폐쇄병동에도 대부분 탁구대가 있다. 입원을 할 정도로 심각한 상태에서도 운동은 하는 게 좋다는 뜻이다. 그러나 내과나 외과적으로는 다르다. 심한 심부전이 있거나 큰 수술 직후, 혈압이 조절되지 않을 때처럼 절대안정을 취하며 운동을 피해야 하는 시기가 분명히 있다. 언제부터 운동을 해도 되는지는 의사와 상의하는 것이 필수다.

질병에 걸린 다음 운동을 시작한다면 평소보다 몸이 약해진 상태라는 점을 인정해야 한다. 예전에 했던 정도로 하면 무리가 간다. 치료로 일정 기간 쉬었다면 원래 시시하게 느끼던 무게, 원래 하던 횟수의 절반 이하로 자세에 신경을 써가며 다시 시작해야 한다. 달리는 거리, 운동시간도 마찬가지다. 환자의 운동을 가로막는 또한 가지 장애물은 피로감이다. 원래 운동을 하면 초반에는 평소보다 더 피곤해지는 시기를 맞이하게 된다. 건강한 사람도 그 시기를 넘기기는 어려운데, 이 피로감은 특히 한 달 이내가 가장 심하다. 그 운동이 안 맞는 다른 이유가 없다면 한 달은 버티면 좋다. 운동의 종류를 바꿔도 피로를 느낄 수 있다. 웨이트트레이닝 위주로 하던 사람이 유산소를 시작하면 역시나 한 달은 피곤하다. 물론 아예 운동을 안 하던 사람의 피로감보다는 절반 이하다.

병에 걸려 갖가지 치료를 받고 있는데, 운동을 무리하게 시작했다가 피로가 쌓이면 회복이 더뎌질 수도 있다.

그러면 지금 병을 치료 중인 상태에서는 운동을 시작하지 않는 게 나을까? 갖가지 병이 있고 같은 병도 환자마다 상태는 다르기 때문에 일률적으로 말하기는 어렵다. 다만, 치료 중인 사람은 혼자 운동하기보다는 재활 운동 전문가의 도움을 받는 것이 좋다. 병원에서 물리치료를 받는다면 그저 마사지 시간처럼 여기지 말고 면허가 있는 물리치료사를 만난 김에 좋은 운동 방법을 묻거나 원래의 운동을 계속해도 괜찮을지 질문하는 것도 방법이다.

운동이라는 것이 부담스럽게 느껴질 수도 있지만, 원래보다 조금이라도 더 움직인다면 그것이 운동이다. 뇌졸중으로 중환자실에 오래 누워 있던 환자들이 재활치료를 할 때는 남이 몸을 움직여주는 관절 가동 범위 운동부터 시작한다. 숨을 쉬거나 침을 삼키는 행위도 이때는 운동이다. 이런 것들을 충분히 해준 뒤 앉기나 서기를 한다. 아기들이 자라는 과정과 비슷하다. 이때 코어근육이나 팔다리 같은 대근육만큼 중요한 것이 소근육이다. 손가락과 발가락 등의 소근육은 단련하기가 비교적 쉽고, 콩 옮기기, 단추 채우기, 지퍼 올리기, 글씨 쓰기, 젓

가락질처럼 전문가 없이도 스스로 할 수 있는 부분이 크다. 이런 소근육 운동도 분명 운동이며 신경가소성을 극대화해 뇌의 지도를 다시 그린다. 특히 뜨개질이나 십자수처럼 복잡하고 목적까지 뚜렷한 활동을 한다면 운동, 감각, 인지의 뇌영역을 동시에 사용하는 셈이다. 이 과정에서 신경망 자체가 튼튼해진다. 걷지 못한다고 운동과 무관하다 여기지 말자. 뜨개질도 누군가에게는 거창한 움직임이다. 그 거창한 운동을 시작해보자.

아픈 사람이 운동을 고를 때 중요한 부분은 시작과 끝을 본인이 자유롭게 정할 수 있어야 한다는 것이다. 달리기를 해도 너무 멀리 갈 경우 돌아오는 길에 지칠 수 있으므로 정해진 트랙을 도는 게 낫다. 등산은 나이가 들었거나 아픈 사람에게는 내려오는 과정이 위험하다. 예측하지 못한 상황이 생길 수 있고, 면역력이 약해진 상태이므로 갑작스러운 날씨 변화로 감기 몸살에 걸리기도 더 쉽다. 흙에서 맨발 걷기 등은 감염 우려가 있다. 조금 지루하더라도 실내에서 예측 가능한 운동을 하자. 내 몸은 내가 잘 안다고? 아니다. 원래의 내 몸은 잘 알지만, 새로운 내 몸은 잘 모를 수도 있다.

개인 수업은 건강한 사람보다도 지금 몸이 약한 사람에게 더욱 적합하다. 치료를 위한 비용도 부담스러운데 운동에 돈을 쓰기가 아까울 수 있다. 그러나 정체불명의 면역치료나 수백만 원짜리 기구, 정통 한의사들이 인정하지 않는 약 등 검증되지 않은 방법에 돈을 쓰는 것보다는 헬스, 요가, 발레 등 개인 수업을 받는 것이 낫다. 그룹 필라테스를 할 때 자주 뵙는 한 수강생이 유방암으로 방사선치료 중이었다. 나보다 훨씬 잘하셔서 괜찮은지 물었더니, 이미 개인 수업을 50회 받았고 대부분의 기구와 동작에 익숙해져서 그룹 수업으로 넘어왔다고 했다. "내 컨디션이 어떨지 모르는데 어떻게 그룹 수업부터 하겠어요? 선생님이 나만 봐주고 나에게 맞춰줘야 하는데. 지금이니까 같이 따라가는 거지요." 맞는 이야기였다. 안전을 위해서도, 다른 사람들을 못 따라가 스트레스 받는 상황을 줄이기 위해서라도 그것이 옳다.

동료인 정신건강의학과 의사 A는 자가면역질환인 베체트병 등 갖가지 질환을 앓고 있다. 존경스럽게도 오히려 병을 진단받고 운동을 더 열심히 했다. A는 한 번에 여러 가지 종목을 하기보다는 한 가지에 푹 빠지는 편이다. 필라테스를 하다 테니스로 전향했고, 어깨 와순 파열 때문에 달리기로 종목을 변경해 결국 마라톤 완주까지 해낸 뒤 이제 수영을 한다. 아프면 무리를 하지 말아야 한다지만, 무리의 지점은 제각기 다르다. 베체트병의 경과는 사람마다 천차만별인데 A 의사가 현재 좋은 경과를 보이는 것은 운동 덕분이기도 하다. 유산소운동은 실제로 자가면역질환의 염증 반응을 줄이는 데 도움이 되니 말이다.

아직 마음의 준비가
되지 않았다면

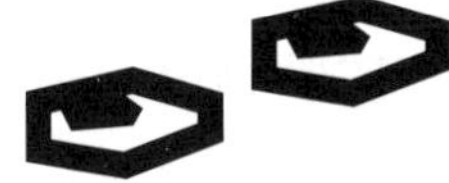

아마추어의 목표는 잘하는 것이 아니다

어릴 적 배웠던 테니스를 어른이 되어 몇 번 다시 시도했다가 매번 금세 그만두었다. 오랫동안 안 했으니, 게다가 나는 원래 모든 운동에서 실력이 빠르게 좋아지지 않으니 잘 못하는 상황이 당연한데도 받아들이기 어려웠다. 그러다 2019년 윔블던 선수권 대회 결승전을 볼 때였다. 세계 최고의 테니스 선수 로저 페더러가 결승전에 올라갔고, 마지막 5세트에서 최종 우승까지 단 한 점 남겨둔 매치포인트 상황을 두 번이나 맞이했다. 그러나 그는 두 번 다 실수했고, 역사상 가장 긴 결승전 끝에 패배했다.

그의 표정은 정말 슬퍼 보였다. 페더러는 그래야 한다. 서브 한 번에 명예와 천문학적인 돈이 오가니까. 그 모습을 보니 문득, 내가 뭐라고 스트레스를 받았나 싶었다. 시간을 쪼개가며 치는데 점수 좀 안 나오면 어떤가? 기본적인 룰과 매너만 지키면 됐지, 꼭 이겨야 하나? 돈을 받는 것도 아닌데 좀 못한다고 포기한다면 웃기는 일이다!

아마추어이니 못해도 괜찮다는 말은 참 하기 쉽지만, 현실은 그렇게 단순하지 않다. 잘하면 재미를 붙이기 쉽고, 못하면 싫증나기 쉽다. 잘 못함에도 불구하고 계속하는 것이 대단한 것이니 위축될 필요는 없다. 우리는 프로가 아니라는 사실을 알면서도 자꾸 까먹는다. 아마추어의 책임은 딱 하나다. 내 몸을 돌보며, 안전하고 즐겁게 하는 것. 그거면 충분하다.

운동을 즐길 경지에 이르려려면 얼마나 걸릴까? 기준이 지나치게 높으면 그런 순간은 영영 안 오겠지만, 심리학자 벤저민 하디의 책 『퓨처 셀프』(상상스퀘어, 2024)에 따르면 배우기 어려운 스키나 테니스도 50시간 정도 훈련받으면 즐길 만큼 습득할 수 있다고 한다. 하루에 2시간씩 배워도 25일이니 아주 짧은 시간은 아니다. 이 50시간을 넘겨 웬만큼 할 줄 알게 되면 자동화 단계에 이른다. 스키를 타며 턴을 할 때 일일이 계산하지 않아도 몸이 알아서 필요한 방향으로 체중을 싣는다. 물론 한꺼번에 다 되진 않는다. 자유형은 자동화에 이르렀어도 접영은 머리와 몸을 최대치로 써야 할 수도 있다. 어쨌든 자동화가 되면 인간은 관성에 젖는다. 맨몸스쿼트의 경우 어느 정도 익숙해지면 딴생각을 해도 자세가 아주 무너지진 않지만, 최대한 깊게 앉아 근육을 단련하려는 초심은 잃기 쉽다. 몸은 참 신기해서, 애쓰지 않아도 되면 뇌를 덜 쓴다. 운동신경이 좋다는 건 이 자동화 단계에 남들보다 빨리 도달한다는 뜻이다.

반면 운동신경이 부족한 사람은 자동화가 빨리 안 된다. 자연스레 되는 게 없으니 남들은 쉽게 하는 걸 오랜 기간 매번 애쓰고 되새김질해야 한다. 그런데 역설적이게도 그래서 뇌의 더 많은 영역을 쓰게 된다. 이 비효율성 덕분에 뇌 건강과 몸 건강은 더 많이 좋아질 수 있다는 것이다! 프로는 뇌를 최소한으로 쓰며 최고의 효율을 내야 하지만, 우리 아마추어는 그럴 필요가 없다.

운동을 못하는 사람에게는 어느 정도 '겁먹는 자세'도 필요하다. 그래야 안 다친다. 상급자가 되면 부상 위험도 높아진다. 나 같은 사람이 억지로 진도를 빼서 고급 과정에 가봤자 대응 능력이 떨어져 다치기 쉽다. 아마추어의 운동은 빨리 해치워야 하는 게임 퀘스트가 아니다. 오래 할 건데 일찌감치 다 배워버리면 나중에는 뭘 할 건가? 인생도, 폴댄스도 어차피 지금 문제를 풀면 다음 문제가 기다린다. 오늘의 과제를 열심히 하고 "아, 건강해졌다!" 하면서 만족하면 그만이다. 러닝도 마찬가지다. 처음에는 하프 마라톤만 완주해도 기쁘지만 그다음에는 풀코스가 기다리고, 풀코스를 완주하면 기록 단축…… 이런 식으로 끝이 없다. 어차피 다음 과제가 또 기다린다면, 완주까지 오래 걸리는 내 비루한 몸도 괜찮은 것 아닌가? 자동화 단계까지 가는 속도가 빠르지 않다면 오히려 오랫동안 안전하게 성취감을 맛볼 수 있으니 가성비가 좋다.

최상위 레벨로 갈수록 운동은 재능이 중요하다. 노력이 중요하다는 말은 재능이 비슷한 사람들끼리의 리그에서 통하는 말이다. 그러나 운동을 통해 행복해지고 건강해지는 능력은 별개의 문제다. 운동을 못하는 사람일수록 목표를 잊지 말자. "나는 몸과 마음의 건강을 위해 운동한다." 프로가 될 것처럼 비장하게 운동하는 분위기에 휩쓸리지 말자. 발전 속도가 빠른 사람과 비교하는 마음만 버린다면 우리가 오히려 더 행복할 수 있다. 물론 쉽지 않다. 나도 이 나이에 매번 비교의 유혹과 싸운다. 폴댄스를 2년 넘게 하면서 수많은 사람을 봤는데, 나만큼 진도가 느린 사람은 단 한 명도 못 봤다. 물론 나보다 못하는 사람도 있었겠지만, 답답하니 곧 그만둬서 내 눈엔 안 보인다. 누가 "얼마나 하셨어요?" 물으면 대답하기가 창피하다. 묻지도 않았는데 변명을 덧붙인다. 나이가 제일 쉬운 핑계이니, 40대 후반이라 더디다며 방어막을 친다. 나도 차라리 나이 때문이라고 믿고 싶은 거다. 잘하는 50대 분들이 얼마나 많은지 모른다. 하지만 우리에겐 각자의 역사가 있다. 체육 실기평가는 늘 최저점, 철봉 매달리기? 1초도 못 버텼다. 그런 내가 지금 폴에 매달려 있다는 것 자체가 기적 아닌가? 내 역사를 다 알고 나면 대견한 게 맞는데, 남들과 비교할 수밖에 없는 상황에서는 마음이 쪼그라든다. 여러 명이 같이 하면 실력 차이가 적나라하게 드러나니까. 그런데 대놓고 비교되는 순간들에 단련되면서 오히려 일상에서의 비교는 줄었다. 인간에게는 각자 타고난 그릇과 자리가 있다는 사실을 뼈저리게 깨닫기 때문이다. 내가 가진 것에 감사하는 것만이 살길임을 몸으로 배운다.

건강을 위해 운동하는 우리 아마추어에게 필요한 정신은 '잘하지 않아도 되니까 그냥 한다'뿐이다. 우울하고 무기력하면 평소의 절반도 못하고 지칠 수 있지만, 그렇다 해도 페더러처럼 큰일 날 일은 없다. 기대를 접는 용기만 있으면 된다. 멘탈은 운동을 하다 보면 저절로 강해진다.

운동신경이 없다고 한탄하는 동지들에게

최악의 운동신경으로 온갖 운동을 시도해본 사람으로서 진실을 말하자면, 운동을 못하는 사람들은 보통 계속 못한다. 안타깝지만 어쩔 수 없다. 어느 날 갑자기 성장해서 남들을 앞지르는 꿈도 꿔보지만, 그런 날은 오지 않는다. 심지어 중급 이상으로 갈수록 재능 있는 사람들과 격차는 더 벌어지고, 나보다 늦게 시작한 사람에게 추월당하기 일쑤다. 관점을 바꾸면 희망은 있다. '잘하는 것'이 아니라 '계속하는 것'에 의의를 두는 우리가 대단하다고. 운동을 한 덕분에 잼병 뚜껑도 남한테 부탁 안 하고 딸 수 있고, 지하철 에스컬레이터가 고장 나도 한숨 쉬지 않고 계단으로 걸어 올라간다. 롤러코스터 같은 남산 순환버스에서도 하체가 단단히 버텨주니 휘청거리지 않는다. 체육관에서 좀 뒤처져봤자 별일 아니다. 세상에는 운동을 아예 안 하고 사는 사람들이 훨씬 많다. 체육관에서는 꼴찌라도 전체 인구로 보면 우리는 상위권이다.

변화하고 싶다면 늘 둥근가시곡선을 떠올리자. 어른

의 발전은 대부분 그 패턴을 따른다. 아마추어의 만족감은 '절대적인 실력'이 아니라 '어제보다 나아진 나'에서 나온다. 이 점을 유념하면 많은 문제가 풀린다. 무언가를 어렵게 해냈을 때 뇌는 더 많은 도파민을 선물한다. 100미터를 똑같이 18초에 달려도 원래 그 속도로 달리던 사람은 감흥이 없지만, 평소 20초에 달리던 사람이라면 세상을 다 가진 듯 기쁘다. 못하는 사람만이 누릴 수 있는 성장의 기쁨이다.

그래도 발전이 너무 더뎌 스트레스를 받는다면 운동 능력을 하나로 묶지 말고 유연성, 근력, 민첩성, 순발력, 협응력 등으로 나눠보자. 이 중 민첩성, 순발력, 협응력 등 속도나 반응시간과 관련된 능력은 타고난 것이 중요하다. 흔히 "쟤 운동 잘해."라고 할 때 그 잘함은 주로 민첩성에서 온다. 그래서 우리는 발이 빨라야만 잘하는 운동을 할 때 더 스트레스가 심하다. 어린 시절 체육 수업의 기억도 한몫할 것이다. 과거 학교 체육은 순발력, 민첩성 위주의 프로그램으로 구성되었고, 성장기에는 그 분야의 발달이 중요한 것도 맞다. 순발력이 발달한 사람은 학교 체육 수업에서 유리했겠지만 어른의 실전 운동은 근력, 유연성, 지구력이 더 중요하다. 과거는 과거다. 연구에 따르면 유연성은 후천적으로 가장 많이 발달시킬 수 있다. 근력도 마찬가지다. 그러니 민첩성보다는 유연성이나 근력이 중요한 운동을 공략하는 게 전략이다.

나는 아무리 노력해도 민첩성과 응용력이 제자리다. 헬스장에 갈 때마다 벤치프레스를 해서 중량은 늘고 있지만, 그 기구에 누울 때마다 바에 머리를 쾅 박는 몸개그를 시전한다. 결국 트레이너 선생님께 기구에 안전하게 눕고 빠져나오는 법을 따로 배워야 했다.(옆으로 굴러서 움직이면 된다고 한다!) 자전거를 60킬로미터 넘게 타며 허벅지가 타들어가는 고통은 참아내지만, 민첩성이 떨어져 엉덩이를 안장에 대지 않은 상태로 페달부터 밟으며 출발하기는 못 한다. 여럿에게 배우고 강좌 동영상을 보며 연습해도 제자리걸음이다.

동지들에게 당부하고 싶다. '운동신경'이라는 하나의 표현으로 뭉뚱그려 전부 다 못한다고 오해하지 말자. 잘게 쪼개보면 개중에는 내가 덜 못하는 것, 발전이 보이는 것, 영 꽝인 것이 나뉘고, 각각을 알고 있으면 운동에 도움이 된다. 유연성도 하나가 아니라 전굴, 후굴, 측굴 등 방향에 따라 다르다. 나는 다리 찢기를 2년째 하는데 앞뒤로 하는 프런트 스플릿은 되지만 양옆으로 하는 미들 스플릿은 여전히 갈 길이 멀다. 하나의 종목도 잘게 쪼개서 보면 이렇게 각각 다르다. 이걸 못하니 저것도 못할 거라고 포기할 문제가 아니라는 거다.

운동신경이 좋은 사람이라고 고민이 없을까? 아무리 재능을 타고났어도 오랫동안 몸을 돌보지 않았다면 예전만큼 잘할 수 없는 것이 당연한데, 그들은 과거의 영광을 기억하기에 노화로 인해 달라진 몸을 받아들이기 어려워한다. 마음 같아서는 쉽게 돌아갈 것 같지만 그렇지도 않다. 이런 사람들은 본인에 대한 기대치가 커서 타격이 크다. 평범한 젊은 사람과 비교해도 이제 특별히 뛰어나지 않은 그 상황을 힘들어하기도 한다. 기대치를 낮추고 스스로에게 관대해지면 좋겠다. 그래도 기본 재능이 있는 경우 언젠가 더 잘할 가능성이 높다.

정신력은 프로 선수들에게나 필요한 것이지 아마추어에게는 멘탈 이야기를 자꾸 해봐야 독이 된다. 선수급에서 말하는 멘탈이라는 것도 운동을 하고자 하는 의지가 아니라 승부욕, 긴장하지 않는 능력, 담대함 같은 것이다. 일이나 육아 사이 바쁜 시간을 쪼개서 자기 자신을 위해 운동하는 사람들에게 그런 정신력은 중요한 요소가 아니다. 자꾸 찬물을 끼얹어서 미안하지만, 일반인의 실력에는 멘탈보다 재능이 더 큰 영향을 미친다. 그러니 노력해서 이길 것은 자기 자신일 뿐 타인이 아니다. 집에서 하루 종일 배달 음식만 먹으며 누워 있다가 저녁에 겨우 헬스장에 온 것인지, 새벽별을 보고 출근해 12시간 넘게 일하다 헬스장에 온 것인지는 서로 알 수 없다. 그러니 순간의 광경만 보고 무게추를 더 달았느니, 세트를 몇 개 더 하느니 평가해봐야 무슨 의미가 있겠는가? 부모님 간병을 하는지, 이별의 아픔을 겪고 있는지, 십자인대 수술을 했는지……. 내 상황을 아는 내가 나를 이해해주면 된다. 객관적으로 최고의 성과를 내기 위한 정신력보다는 내 삶의 맥락 안에서 계속 자신을 다독일 수 있는 정신력이 중요한 것이다. 남들 보기에는 하찮은 성과라도 나에게 충분하면 된다.

아마추어들이 운동을 너무 비장하게 대하면 과집중 상태가 되어 몸이 굳고 더 못하게 된다. 잘하고 싶은 그 마음, 나도 안다. 나도 매번 이번엔 잘하려나 헛된 희망을 품었다가 실망하니까. '잘하려는 욕심을 버리자.'라는 부정적 메시지는 뇌에 안 먹힌다. 코끼리를 생각하지 말라고 하면 코끼리만 생각나는 법이다. 대신 합리적인 긍정 대안을 찾자. "남들보다 못해도 과정에 충실하겠다." "안전한 게 최고다." "오늘도 근육이 1그램 생기고 체지방이 1그램 줄었다." 이렇게 내가 얻을 수 있는 확실한 이득에 집중하자. 그러다 보면 남들보다 무게를 더 치거나 빨리 달릴 순 없어도, 즐겁고 안전하게 운동할 수 있다. 이

것은 포기가 아니다. 최선을 다하는 나의 순간에 대한 존중이다.

운동을 위한 완벽한 때는 평생 오지 않는다

운동하는 사람과 안 하는 사람이 따로 있는 것은 아니지만, 나이가 들수록 이 격차가 벌어진다. 15~24세 연령대의 대다수는 규칙적으로 하지만 25~39세 청년기에는 46퍼센트, 중년이 되면 39퍼센트로 운동 인구 자체가 줄어든다. 재미있는 건 나이대별 평균 운동 시간은 큰 차이가 없다는 점이다. 양극화가 심해진다는 의미다. 나이가 들수록 하는 사람은 더 지독하게 하고, 안 하는 사람은 아예 숨만 쉰다.

질병의 유무가 두 부류를 가르는 기준일까? 의외로 그렇지 않다. 60세면 장수했다고 환갑잔치를 하던 시대에나 무병장수가 목표였지, 요즘은 다르다. 수술도 하고 매일 약도 챙겨 먹으며 오래 사는 유병장수의 시대다. 약을 먹으면 약골이고, 병원에 안 다니면 건강하다는 이분법은 이제 통하지 않는다. 진짜 건강은 '삶에서 내가 어디까지 주도권을 가지느냐'의 문제다. 암을 앓았어도 친구들과 맛집을 찾아다니고 비행기를 타고 여행 갈 체력이 있는 노인이 있다. 반면 진단받은 병은 딱히 없지만 누워만 지내고 동네 산책도 힘겨워하는 중년이 있다. 둘 중 누구의 삶이 더 건강할까? 중요한 건 병이 있느냐 없느냐가 아니라, 자신과 타인을 얼마나 돌볼 수 있느냐다.

우리는 자라나면서 스스로가 이러저러한 사람이라는 이미지를 쌓는다. 뭘 잘하고, 뭘 싫어하고, 누구랑 잘 맞고…… 이런 자기 고정관념은 나이가 들수록 견고해진다. 이는 실패를 줄이고 효율적인 선택을 돕는다는 장점이 있지만 도전을 가로막는 거대한 벽이 되기도 한다. 젊을 땐 "잘 모르겠지만 재밌어 보이니 한번 해볼까?" 하며 새로운 시도를 하던 사람도 나이가 들면 "난 저런 거랑 안 맞아.", 심하게는 "나 같은 사람이 무슨 운동이냐." 라며 스스로 한계를 긋는다. 나는 어느 쪽으로 굳어가고 있을까? 이왕이면 스스로 무언가 할 수 있다는 효능감을 가진 쪽이 낫지 않을까? 그러려면 이미 늦었다고 선을 긋지 말고 하루라도 빨리 시작해야 한다.

40대부터는 유산소운동 능력이 떨어지고 근육은 매년 1~2퍼센트씩 사라진다. 50세 이후엔 10년마다 12퍼센트 이상의 근손실이 온다. 근력도 뚝뚝 떨어진다. 인정하자. 운동을 잘하기는 점점 더 어려워진다. 아무리 잘하는 건 목표가 아니라고 해도 발전이 더디면 좌절하게 된다. 설상가상으로 예전에 잘했던 운동조차 안 되면 좌절감은 더 커진다. 노화는 진행되는데 내 마음속 고정관념은 늙지 않아서 문제다. 마음은 늘 청춘이라 젊은 시절의 나, 혹은 지금의 젊은이들과 비교하며 좌절만 반복한다. 몸뿐만 아니라 뇌도 늙는다. 나이가 들수록 새로운 것을 배우는 데 시간이 오래 걸린다. 희소식은, 뭐든 한번 몸으로 학습해놓으면 잘 까먹지는 않는다는 점이다. 강한 근력이나 심폐지구력을 요하지 않아서 노년기에 하기 좋다는 골프조차 80대까지 즐기는 분들을 보면 대부분 젊을 때 배워둔 경우다. 헬스장에서 고강도 웨이트트레이닝을 하는 70대 근육질 할아버지도 알고 보면 50대부터 시작해 20년 동안 몸을 단련했다. 그러니 지금 뭐라도 해두는 것이 훗날 내 몸을 지켜줄 가장 확실한 연금이자 보험이 된다.

편하고 즐거운 마음으로 운동을 시작하는 사람은 거의 없다. 대부분 미래의 건강이 걱정된다거나 지금 이대로는 안 된다는 부정적인 생각, 즉 불안 때문에 신발 끈을 묶는다. 불안에 압도되어 아무것도 못 하면 문제지만, 적당한 불안은 우리 삶의 필수 연료다. 불안해야 미래를 대비한다. 남의 눈치를 보기에 사회적 관계를 맺고,

노후가 걱정되기에 돈을 아껴 모은다. 지금 운동을 즐기는 사람들도 많은 경우 처음에는 건강이나 노화에 대한 불안감에 몰려 억지로 시작했다가 재미를 붙인 것이다. 불안한가? 늙는 게 두려운가? 잘됐다. 그게 바로 당신을 움직이게 할 힘이다. 그러니, 지금 시작하는 것이 낫다.

인생 운동은 없다, 운동은 친구일 뿐

"나는 운동하고 안 맞아." 이 말은 '나는 여행하고 안 맞는다'는 말과 비슷하다. 물론 여러 경험 끝에 그런 결론을 내렸을 수도 있다. 하지만 작은 경험 하나로 전체를 부정하는 성급한 일반화를 하고 있는 것은 아닐지? 여행도 혼자 하는 여행이 있는 반면 친구나 가족과 함께 떠날 수도 있고, 패키지, 자유여행, 관광형, 휴양형 등 천차만별인데 그중 무엇이 싫고 좋은지를 따져봐야 한다. 한 가지 안 좋은 경험으로 전체를 속단해서 즐거움의 기회를 차단하지는 말자. 운동뿐 아니라 책, 영화, 연애, 친구도 마찬가지다. "그놈과의 연애가 힘들었어."와 "난 연애랑 안 맞아."는 전혀 다른 이야기다.

잘 맞는 운동을 찾으면 기쁘겠지만, 꼭 영원히 할 인

생 운동을 찾아야 하는 건 아니다. 어떤 운동이든 권태기가 온다. 권태기가 온다는 건 그 운동을 꽤 오래 해서 실력이 늘었다는 반증이기도 하다. 왕초보에겐 권태기나 슬럼프라는 말도 사치다. '카톡을 씹은 사람도 씹힌 사람도 그 사실을 기억하지 못한다면 친구'라는 하상욱 시인의 말처럼 운동을 죽고 못 사는 연인이 아니라 쿨한 친구처럼 대하자. 집착하지 말자. 만날 땐 즐겁게 놀고, 좀 소원해져도 완전히 멀어지지만 않으면 된다. 새 친구랑 놀다가 다시 옛 친구와 만나듯 새 운동을 하다 원래 하던 운동으로 돌아가도 된다. 달리기가 지겨우면 잠시 쉬거나 코스를 바꾸면 된다. 미련이 없다면 과감히 다른 종목으로 갈아타면 그만이다. 슬럼프가 왔다고 "난 운동이랑 안 맞아."라며 오해하고 아예 운동 자체를 그만두지만 않으면 된다.

한 가지 조언하고 싶은 것은, 하고 있는 그 순간은 최선을 다해보라는 것이다. 인간관계도 마찬가지다. 이별 전이나 퇴사 전에 최선을 다해야 하는 이유는 상대방을 위해서가 아니다. 바로 나 자신을 위해서다. 노력을 한다고 반드시 관계가 개선되거나 좋은 결말이 찾아오는 것은 아니지만 해볼 만큼 열심히 해본 기억, 최선을 다한 순간은 나에게 소중하게 각인된다. 그리고 그런 경험이 있으면 미련 없이 깔끔하게 다음 선택을 할 수 있다. 사람과 헤어지는 일에 비하면 옛 운동과 헤어지고 새 운동을 만나는 건 얼마나 쉬운가!

최선을 다하는 방식도 중요하다. 운동을 하는데도 여전히 우울하고 살도 안 빠지고 재미도 없다면, 아무것도 안 했을 때보다 더 비참할 수 있다. 노력해봤자 안 좋은 결과를 볼 바에야 차라리 아무것도 안 하는 것이 낫다고 포기하는 사람들도 있다. 정말 그럴까? 이건 '상대방과 대화를 했는데 관계가 안 좋아졌다'는 것과 같다. 서로에게 맞는 방식으로 소통해야지, 무작정 3시간을 떠든다고 해결되는 것은 없다. 방식을 바꿔야 한다. 운동도 마찬가지다. 했는데도 삶이 나아지지 않는다면 바꿔라.

그때 잊지 말아야 할 것. 그 운동을 하는 나는 어떤가? 연애를 하다 의문이 생겼을 때도 상대방을 분석하느라 머리 싸매는 대신 그 사람 곁에 있는 내 모습을 보자. 전보다 더 긍정적인가? 덜 외로운가? 자신감이 생겼나? 운동도 똑같다. 그 운동이 어디에 좋고, 남들은 근육이 얼마나 생겼고…… 다 중요하지 않다. 그 운동을 경험하는 나는 지금 어떤가? 나 자신이 있어야 나를 둘러싼 세계도 존재한다. 지금 나에게 가장 중요한 목표가 무엇인지부터 생각해보자. 그리고 그 목표에 솔직해지자. 내가 좋아하는 웨이트트레이닝과 폴댄스는 근력에는 좋지만, 당장 체중이 줄지는 않는다. 빠른 체중감량이 필요하다면 달리기가 낫다. 일단 식이 조절이 먼저인 사람도 있다. 이것저것 계속 시도하다 보면 현재의 내 목적에 맞는 선택지가 늘어날 수 있다. 그것 또한 행복이 된다.

일이 나랑 딱 맞아서 출근이 즐겁다면 좋겠지만, 그런 마음이 언제까지고 계속되는 경우는 드물다. 일이 재미없다고 인생에서 실패한 건 아니다. 일은 생계 유지의 수단이니까. 열심히 일한 대가로 맛있는 것을 먹고 사랑하는 사람도 챙길 수 있다면 그 자체로 훌륭하다. 퇴근 시간만 기다려지는 것은 우울증이 아니다. 퇴근 시간조차 설레지 않는 게 더 문제다. 운동 역시 마찬가지다. 인생 운동인 줄 알았다가 아파서, 돈이 없어서, 재미가 없어져서 그만둘 수 있다. 그동안의 노력이 아까울 수 있지만 운동은 결국 도구다. 살 빼기, 근력 키우기, 우울증 극복하기, 사람 만나기…… 각자의 목표를 이루기 위한 수단일 뿐이다.

인간관계조차 서로의 목적을 위해 얽혀 있다. 함께하는 시간 동안 서로를 이해하고 존중한다는 원칙을 잊지 않으면 된다. 나는 환자들에게 나를 잘 이용해먹으라고 한다. 의사는 당신 자신이 건강을 회복하고 더 잘 살기

위한 수단이라고. 그 과정에서 무리한 요구를 한다면 문
제일 뿐, 서로를 존중하며 따뜻하게 이용하면 되는 것이
다. 사람 사이도 이런데 하물며 운동이야! 내 목적에 안
맞는 불편한 운동은 바꿔라. 걷기만 하면 입맛이 돌아
살이 찐다면 댄스나 격투기로, 달리다 보니 무릎이 아프
다면 걷기로 갈아타라. 해보고 아니면 바꾸면 된다.

더 좋은 목표와 덜 좋은 목표는 없다

대한민국 사람들은 새로운 것을 빠르게 받아들이고 타
인의 시선에 민감하며 간섭이 심하다. 좋게 말하면 공동
체주의적이고, 나쁘게 말하면 다양성을 인정하지 않는
다. 그래서 하는 조언들은 대부분 참견하고 싶은 욕구 때
문에 나오는 것이라 "지금 그 말이 상대방에게 어떤 도
움이 된다고 생각하십니까?"라고 물으면 제대로 된 대
답은 들을 수 없는 경우가 많다. 나도 말을 뱉어놓고 '아
차, 하지 말걸.' 후회할 때가 있다. 누구나 그럴 수 있지만,
너무 자주 그러거나 한 번 실수했던 사람에게 또 선 넘
은 참견을 한다면 문제다. 예전에는 담장 너머로, 지금
은 SNS 계정 너머로 다들 훈수를 둔다. 얼마 전 카페에

서 누군가가 "운동 자체를 즐겨야지 사람 만나러 오면 쓰나?"라고 동행에게 충고하는 것을 들었다. 사람 만나려고 운동할 수도 있지, 안 될 것은 없지 않느냐고 참견하고 싶은 마음을 꾹 참았다.

도시에 사람이 모이는 데는 여러 이유가 있다. 일자리가 많기도 하고, 좋은 짝을 찾기에 유리하기 때문이기도 하다. 생존 본능이다. 러닝 크루에 연애 상대를 찾으러 갈 수도 있고, 예쁜 옷 입고 싶어서 춤을 배울 수도 있다. 누군가의 동기가 타인의 그것보다 열등하거나 우월하지 않다. 각자 그것을 위해 얼마나 최선을 다하느냐가 중요한 것이지, 더 고상하고 좋은 목표가 따로 있는 게 아니다. 운동 목표에 대해 훈수 두는 사람이 있다면, 그는 타인의 삶을 평가해 우월감을 느끼려는 사람일지 모르니 거리를 두자. "나는 이런 운동 해보니까 어떻더라"고 경험을 나누는 건 좋지만, "네 방식은 틀렸고, 내 방식이 옳다"고 주장하는 말은 귀담아들을 필요가 없다. 인간은 자기주장을 관철했을 때 쾌감을 느낀다. 남의 쾌감을 위해 내 기분을 희생양으로 바치지 말자.

다이어트나 외모 개선이 운동의 목표면 어떤가? 어떤 사람은 '눈바디(눈으로 확인한 거울 속 체형)'의 변화에서 미학적 기쁨을 느끼고, 어떤 사람은 체중계 숫자를 지표로 삼는다. 40대 중년인 나는 외모 개선을 위해 운동하지는 않는다. 폴댄스를 좋아하는 이유도 수업에서 2년 넘게 단 한 번도 "이거 하면 허리가 가늘어져요.", "등 근육 멋있어져요." 같은 멘트를 들어본 적이 없어서다. 인간의 오감 중에 시각이 가장 지배적인데 어째서 나라고 외모 개선 욕구가 없겠는가? 다만 내 삶에서 건강, 힘이 세지고픈 욕망보다 덜 중요할 뿐이다. 누군가에게는 외모 개선이 더 중요하다. 각자 입장이 다를 뿐이다.

체중 감량을 목표로 하면 건강에 안 좋다는 말도 있다. 안 될 건 또 뭔가? 병원에서도 체중을 기반으로 한 체질량지수BMI로 비만 여부를 평가하는데. 게다가 매력적인 외모와 관련 있는 복부 둘레, 체중, 피부 결, 근육량은 건강의 척도이기도 하다. 살을 빼고 싶다는 환자가 정신건강의학과 진료실에 찾아왔다고 하자. 정상체중인데 그런 강박을 갖고 있다면 자존감 문제를 살펴봐야겠지만, 의학적으로 과체중이나 비만에 해당된다면 "살쪘어도 당신을 사랑하세요." 같은 공허한 위로는 하지 않는다. 건강을 위해서라도 살을 빼고 싶은 마음을 이해하고, 바람직한 방법을 찾도록 돕는다. 그리고 체중이 증가하면 내장에도 살이 붙기 때문에 내장감각이 달라지고, 뼈와 장기가 버텨야 할 무게가 늘어나 고유감각에도 영향을 미친다. 질량의 변화가 감각의 변화를 부르는 것이다. 외모지상주의는 물론 경계해야 하지만, 외면과 내면은 연결되어 있다. 삶의 의미를 찾겠다는 철학적인 목표로 운동을 시작했다가 변화한 자신의 외모가 좋아지면서 자신감을 얻을 수도 있다. 애초에 원했던 걸 못 얻어도 뜻밖의 선물을 받을 수 있는 게 운동이다.

운동을 시작하면 근육량과 함께 체중이 약간 늘 수도 있다. 잠깐 체중이 늘어난다고 운동해도 소용없다 여길 필요도, 반대로 체중을 목표로 삼는 것을 유행이 지난 것처럼 여길 필요도 없다. 체중보다 복부 둘레가 더 중요하다고 한들, 줄자로 배 둘레를 재는 것보다 체중계에 올라가는 것이 대부분의 경우 더 익숙하다. 매일 미미한 차이여도 일단 숫자로 보이는 성과가 중요하다면, 눈바디보다 체중을 목표로 삼는 게 낫다. 각자의 동기를 유지할 수 있는 목표를 정하면 된다.

방법도 마찬가지다. 남의 사정을 모르면서 이러쿵저러쿵 설교하지 말자. 설교라고 하면 꼰대 어르신을 떠올리겠지만, SNS를 보면 젊은 꼰대들의 오지랖도 만만치 않다. 운동 좀 한다고 전문가 행세하며 윗세대에게 물려받은 참견 유전자를 맘껏 발현한다. 그런 말에 너무 휘둘리지 말고 자기 길을 묵묵히 가는 자세도 필요하다. 이

책이라고 다 옳지도 않고, 반감이 생기는 내용이 있을 것이다. 새로운 질문이 생기고 나에게 맞는 새로운 길을 찾는 것이 우리가 책을 통해 만나는 또 하나의 기회 아니겠는가?

세상에 덜 좋은 목표와 더 좋은 목표는 없다. 다만 내가 이 운동으로 뭘 달성하고 싶은지 나는 알아야 한다. 다른 사람은 몰라도 나 자신은 속이면 안 된다. 남에게 하는 거짓말보다 나쁜 건 자신에게 하는 거짓말이다. 재미없고 하기 싫은 업무를 재미있다고 스스로를 세뇌하면 인지 부조화가 생겨 병난다. 돈 때문에 할 수 없이 맡은 바 책임을 다한다고 쿨하게 인정하는 게 정신건강에 좋다. 운동도 마찬가지다. 남에게는 "건강을 위해서"라고 포장할지언정 "A보다 예뻐지려고, 남들한테 자랑하려고 한다"고 자신에게는 솔직해지자. 그래야 오래 한다.

운동을 하다 보면 원래 목표가 아니었던 의외의 보물을 얻기도 한다. 여행 중 길을 잃었다가 더 멋진 풍경을 만나는 것처럼. 나는 운동에서 승부욕을 채운 적은 없지만(맨날 지니까) 출석률과 수강권 소진에서는 남보다 뛰어나다는 자부심을 얻었다. 그리고 가장 큰 보람은 헬스장이 아니라 일상생활에서 느꼈다. 20미터 앞의 횡단보도 신호등 불이 파란색으로 바뀌고 사람들이 건너기 시작했을 때 고민하지 않고 뛸 수 있는 순간. 20리터 음식물 쓰레기 봉지를 사이드레터럴레이즈 자세로 덤벨처럼 몸에 절대 닿지 않게 양손에 하나씩 들 수 있는 순간. 애초에 목표로 하지 않았던 그 사소하고 기쁜 순간들.

어쩌면 우리는 우리가 진짜 원하는 게 뭔지 모르는 채 보기에만 거창한 목표를 좇으며 사는지도 모른다. 예정에 없던 목적지에 도착했을 때, 비로소 진짜 내가 원했던 것을 알게 될 것이다.

운동으로 다지는 관계의 근육

나와 다시 연결되는 시간

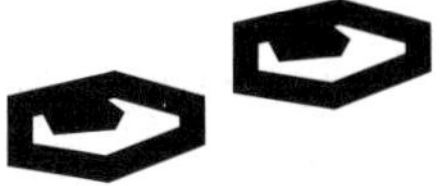

건강한 관계를 위한 자발적 고독

사람들이 어울려 노는 광경은 밖에서 보면 늘 즐거워 보인다. 우리는 서로의 그런 풍경을 창문 너머로 바라보며 부러워한다. 마치 성냥팔이 소녀가 되어 화려한 크리스마스 파티를 구경하는 것처럼.

소외당하고 싶은 사람은 없다. 하지만 집단에서 어울리기 위해 너무 애쓰는 건 아닌지 돌아볼 필요가 있다. 사람들과 잘 지내려고 많은 시간과 정성을 쏟는데 돌아오는 것이 없다면 누구나 지치고 말 것이다. 좋은 관계에 대한 정의는 다양하겠지만, 굳이 한마디로 하자면 '내가

'누군가를 좋아하는 만큼 상대도 나를 좋아해주는 것'이 아닐까? 결국 관계에서 불안은 내가 좋아하는 만큼 상대방에게 사랑받지 못할까봐 생기는 것이다. 반면 내가 그리 좋아하지도 않는 사람이 나를 좋아해주길 바란다면 그것이야말로 날로 먹으려는 심보일 수 있다.

혼자 있기를 힘들어하는 사람일수록 타인에게 의존하고, 타인에게 의존하는 마음이 심하면 오히려 상대방과 건강한 관계를 맺지 못한다. 불안은 관계의 질을 계속 떨어뜨릴 수밖에 없다. 자기를 어필하려는 초조함 때문에 존재를 무리해서 드러내고 결국 자기 이야기만 하기 쉽기 때문이다. 누구나 내 이야기를 들어주고 나에게 맞춰주는 사람을 좋아하지, 자기 말만 늘어놓는 사람을 좋아하긴 어렵다. 참 역설적이다. 간절히 바랄수록 내가 그토록 원하던 관계에서 더욱 멀어진다.

외로움과 고독은 다르다. 외로움은 타인을 끊임없이 의식하는 결핍의 상태다. 외로움이 타인과의 단절에서 오는 괴로움이라면, 고독은 스스로 선택한 홀로 있음 속에서 누리는 평온함과 충만함이다. 홀로 운동하는 시간은 자발적으로, 제대로 고독해질 수 있는 순간이다.

자발적 고독을 즐기기 위해서, 운동하는 중에는 완벽히 오프라인 상태가 되어보자. 1시간 운동하면서 중간 중간 문자메시지를 확인하고 남을 궁금해하느니, 단 10분이라도 세상에 아무도 없는 것처럼 오로지 내 호흡, 내 심장박동, 내 다리의 무게 등 내 상태에만 집중하는 시간을 가져보자. SNS에 기록을 인증하거나 영상을 올리는 것이 운동을 지속하게 하는 원동력이 되기도 하지만, 운동을 하는 도중에는 적어도 모든 온라인에서 거리를 둬보자. 러닝머신 위에서 지루함을 달래기 위해 영상은 보더라도 상호작용이 실시간으로 일어나는 SNS는 멀리하는 것이다.

자발적 고독을 위한 두 번째 방법은 남들의 방식보다는 지금의 자기 자신을 존중하는 것이다. 온라인의 많은 전문가들이 각자의 이론을 말한다. 예를 들어 야외 달리기와 러닝머신 중 무엇이 좋은지, 맨몸운동과 웨이트트레이닝 중 무엇이 좋은지 대립할 때도 있다. 러닝머신을 하면서 영상을 보면 대단히 잘못된 것처럼 말하기도 한다. 하지만 '운동을 하면서 어떻게 해야 한다'는 너무 많은 정보로 인해 부담에 짓눌리는 것이야말로 그 순간의 몰입을 방해한다. 달리기 자체도 어려운데, 영상 시청을 억지로 참다가 지루함에 지쳐 나가떨어지는 것보다는 뭘 보든 어떻게 하든 일단 몸을 움직이는 게 최고다. 내가 온전히 나를 위해 시간을 내서 달리기를 시작했다는 사실이 더 본질적인 지점이기 때문이다. 세부적인 이론에 너무 집착하지 않는 것도 자발적 고독을 실천하는 방법 중 하나다.

관계에 매달리는 것도 습관이다. 운동을 통한 자발적 고독을 연습하면 관계에서 덜 초조해진다. 어차피 인간관계는 기다리는 시간이 필요하다. 연인에게 연락이 오기를, 친구들이 메시지에 답해주기를 잘 기다려보자. 자식을 키우면서는 수십 년을 기다려야 한다. 나를 위한 생산적인 활동을 하면서 강해지면 어떤 관계에서든 일방적인 희생을 하지 않고 스스로의 존재 그대로 타인과 만나는 건강한 주도권을 가질 수 있다. 사람들은 저 사람이 지금 당당한지 아니면 불안해하는지 빠르게 알아차린다. 나 역시 운동을 시작한 뒤에는 남편과 다툰 뒤 초조해져서 내 잘못이 아닌데도 쓸데없이 먼저 사과한다든가 잘 놀고 있을 사춘기 자녀들에게 괜히 연락하는 일이 줄었다. 스트레스를 굳이 다 털어놓으려는 마음에서도 자유로워졌고, 덕분에 가족과의 관계가 더 편해졌다.

드물지만 운동을 같이 하다가 오히려 외로워지는 경우도 있다. 만약 남들과 함께 하는 팀 스포츠를 주로 한다면, 별도로 혼자만의 운동을 병행하는 것이 큰 도움이 된다. 탁구, 배드민턴, 테니스, 조기축구, 야구 같은 구기

종목은 혼자 하기 힘들어서 동호회의 결집력이 세다. 대신 그 안에서 문제가 생기면 운동 자체가 어려워진다. 심지어 갈등이 깊어져 분쟁이 오래가기도 한다. 그렇지 않더라도 외향적인 사람들은 주도권 싸움에서 밀려 아웃사이더가 되면 괴롭고, 내향적인 사람들은 적응 자체에 많은 에너지가 필요하니 각자 고충이 있다. 이때를 대비해 혼자 할 수 있는 달리기나 자전거, 스트레칭 같은 예비 운동을 만들어두거나, 구기운동을 더 잘하기 위한 개인 웨이트트레이닝 시간을 가져보자. 그러면 '이거 아니면 안 된다'는 절박함이 사라져 함께 운동하는 관계에서 오는 스트레스로부터 훨씬 자유로울 수 있다.

한 가지 생각에 강박적으로 사로잡히거나, 타인과의 관계에 매달린다면 건강한 삶은 어렵다. 운동은 그 집착의 고리를 끊어줄 것이다. 홀로 잘 서 있을 수 있는 사람이 강한 사람이다.

어른의 자존감에는 조건이 따른다

"저 자신을 조건 없이 사랑해야 하는데 그게 잘 안 돼요." 사랑에는 조건이 없을까? 있다. 아이들을 키워보니 부모의 사랑이라고 해서 무조건 헌신적인 것만은 아니었다. 아기들은 매일 커가는 귀여운 모습으로 부모에게 효도한다. 내 유전자를 보존해주는 데다, 일생에 해본 적 없는 사랑을 경험하게 해주는 존재이니 매일 고마웠다. 일방향으로 흐르는 관계인 줄 알았는데 실은 주고받는 것이 있었다. 그렇다. 모든 관계에는 조건이 있다. 하물며 어른인 자기 자신을 조건 없이 사랑하려고 한다면 어렵지 않을까? 어른의 자존감은 자기에 대한 조건 없는 사랑이 아니다. 내가 나를 사랑할 만한 조건을 스스로 만들어가는 과정에서 나온다.

자기 자신을 사랑할 만한 구석을 찾으려면, 일단 우리 존재가 환경과 상황의 영향을 받는다는 것을 인정하자. 리단의 『정신병의 나라에서 왔습니다』(반비, 2021)에도 나오는 이야기다. 조울증 환자가 방은 지저분하게 내버려둔 채 자존감을 키우려고 노력하면 아무 소용이 없다. 돈을 들여서라도 방을 치우는 게 현명하다. 최악의 환경에서 아무것도 하지 않고 억지로 긍정적이 되려는 시도에는 한계가 있다.

자연스럽게 나를 사랑하기 위해 당장 할 수 있는 일은 뭘까? 맛있는 것을 잔뜩 먹으면 당장은 뿌듯하지만 과식을 후회하기 쉽다. 사람을 만나는 일도 즐겁지만 그로 인한 스트레스가 더 클 수도 있다. 운동은 어떨까? 운동을 하고 나서 '도대체 왜 했지?'라고 후회하기는 참 어렵다. 대부분 운동을 하면 뿌듯하다. 발전이 없어 속상할 때가 있을지언정 그래도 한 것 자체는 잘했다고 느낄 확률이 압도적으로 높다.

나는 원래 운동보다 글쓰기와 독서가 훨씬 좋고 익숙하다. 그러나 활동을 마친 다음 스스로를 칭찬할 확률은? 운동을 했을 때가 그 어떤 활동을 할 때보다 훨씬 더 높다. 일단 글쓰기는 불만족스러운 경우가 90퍼센트 이상이므로 비교가 안 된다. 독서의 경우 나를 칭찬하고 싶을 때가 절반 이상이지만 '이 책 왜 봤지?' 하는 경우도 은근히 있고, 잘 읽히지 않는 문장 때문에 답답하거나 무엇보다 마음이 시끄러우면 집중이 어려워서 아무것도 머리에 안 남을 때가 꽤 있다. 반면 운동은 다치지만 않으면 했다는 그 자체로 나를 칭찬할 확률이 90퍼센트 이상이다. 재능과는 무관하다. 나는 분명히 글을 읽고 쓰는 일을 운동보다 잘하는 사람이다.

지금 당장 운동을 하기 어렵다면 어떻게 해야 할까? 우리 몸의 고유감각을 기억하자. 우리의 손가락과 무릎의 좌표를 인식하는 그 시스템에 작은 자극만 줘도 우리는 스스로를 돌보기 시작한다. 몸을 움직이기 어려울 만큼 아프다면 손가락이라도 움직여 십자수나 뜨개질을 하고, 일터에서 너무 바쁠 때라면 화장실은 한 층 위로 잽싸게 걸어서 다녀오거나, 단지 일어나서 어깨를 쫙 펴고 가슴을 열어보는 것만으로도 도움이 된다. 운동의 범위는 넓다.

악조건 때문에 이런 정도의 운동도 힘들다면 손으로 감사일기를 써보자. 감사일기는 하루에 세 가지씩 내가 감사할 일에 대해서 쓰는 것이다. 처음에는 감사할 일을 찾기가 미묘하게 어렵지만, 세 가지를 굳이 채우려고 애쓰다 보면 점점 더 잘 찾게 된다. 뜨거운 여름날 횡단보도 앞에 도착했을 때 바로 신호가 바뀌어 땡볕에 기다리지 않고 건넌 것, 음식물 쓰레기 봉투에서 국물이 좀 떨어졌지만 새 운동화에는 튀지 않은 것. 얼마나 감사한 일인가! 다섯 가지를 쓰고 싶은 날에도 세 가지만 써야 한다. 굳이 더 쓰고 싶으면 이미 썼던 것에 취소선을 긋고 더 중요한 세 가지를 남겨놓으면 된다. 그 대신 전혀 떠오르지 않는 날에도 억지로 찾아본다. 하루 종일 누워만 있어서 소재가 없다면 일부러 나가보기도 한다. 그러다 보면 갖가지 불운 속에 피어나는 행복을 볼 수 있다.

그런데 감사일기 역시 내용만이 아니라 몸을 얼마나 움직이냐도 중요하다. 같은 내용이라도 타이핑을 하는 것보다는 가급적 손으로 쓰는 게 훨씬 좋다. 뇌의 영역을 훨씬 더 많이 사용하게 된다. 글씨를 쓸 때는 키보드나 스마트폰을 칠 때보다 전두엽이 훨씬 더 활성화된다. 모양을 어떻게 잡을지 머리로 계획하고 손목과 소근육도 좀 더 정교하게 움직이기 때문이다. 해마까지 활성화되어 뇌의 여러 부위끼리 연결되니 긍정적인 기억을 강화하는 데 훨씬 더 유리하다. 이것이 체화된 인지embodied cognition다. 몸의 경험이 생각과 감정에 영향을 미친다. 손으로 "감사합니다"라는 글자를 직접 써내려가는 행동이 '감사'라는 추상적인 개념을 더 구체적이고 실제적인 경험으로 만든다. 뇌는 내가 내 손을 움직여 이 긍정적인 단어들을 만들어내고 있음을 인식하며 이 행위와 감정을 더 강하게 연결한다. 이렇게 몸으로 느끼는 감정은 조절하기도 더 수월하다. 감사일기를 화이트보드에 크게 쓰고 그것을 스마트폰으로 찍어두는 사람도 보았는데, 크게 글씨를 써야 하니 몸을 그만큼 더 움직이고 또 내가 직접 볼 수 있기까지 하니 너무 좋은 방법이다.

움직임은 배신하지 않는다. 그로 인해 나를 조금 더 좋아하게 될 것이다.

가만히 있어야만 명상은 아니다

명상이라고 하면 이른바 '명상 음악'이 흐르는 조용한 공간에서 가부좌를 틀고 가만히 앉아 있는 상황을 생각하기 쉽다. 명상에 대한 전형적인 그림은 그런 풍경이겠지만, 핵심이 그것일까? 명상은 현재 순간에 의식적으로 주의를 기울여 내 안에서 일어나는 생각, 감정, 신체감각을 판단하지 않고 있는 그대로 관찰하는 마음 훈련이다.

우리는 우울할 때는 과거를 곱씹고, 불안할 때는 미래를 걱정하며 살아간다. 명상은 자꾸 과거나 미래로 흘러가는 생각의 흐름에서 잠시 벗어나 바로 지금, 여기에 온전히 집중하는 상태이다. 흔히 명상을 마음을 비우는 것이라고 오해하는데, 신경계는 끊임없이 활동하기 때문에 마음이란 비울 수 있는 것이 아니다. 그보다 명상은 떠오르는 갖가지 감정을 판단 없이 바라보는 행위다. 기억, 감정, 생각이 떠오를 때 그런 것은 안 좋다고 비판하거나 억누르지 않는다. '아, 이런 생각이 드는구나.' '이런 감정이 느껴지는구나.' 그렇게 한 발짝 거리를 두고 지켜보는 것이다.

명상은 멍하니 있는 상태가 아니다. 호흡, 소리, 신체의 감각에 의식적으로 주의를 집중하는 능동적인 활동이다. 가만히 앉아서 하는 명상이 힘든 사람들이 있다. 나도 그런 방식을 몇 번 시도해봤는데 오히려 잡생각이 많아져서 명상은 나랑 안 맞나보다 생각했다. 오랫동안 앉아 있는 게 불편하거나 가만히 있으면 생각이 더 많아져 힘든 사람들에게는 걷기 명상이 효과적이다. 명상의 핵심은 자세가 아니라 감각을 통해 현재 마음을 알아차리는 데 있다. 명상하며 집중하는 몸의 감각 중에 호흡이 대표적이긴 해도, 꼭 거기에만 집중할 필요는 없다. 걷기 명상을 하면 앉아서 할 때보다 호흡에 집중은 덜 되더라도 대신 발바닥의 감각이나 걷는 움직임에 주의를 기울일 수 있다.

장소는 조용히 걸을 수 있다면 어디든 좋고, 딱히 긴 거리나 넓은 장소일 필요는 없다. 공원이나 산책로를 이용하기 어렵다면 집 안이라도 다섯 걸음에서 열 걸음 정도를 편안하게 왔다 갔다 할 수 있는 곳이면 충분하다. 평소보다 훨씬 느린 속도로 천천히 걷는다. 빨리 걷는 게 목적이 아니기 때문이다.

처음 시작할 때는 발바닥에 의식의 초점을 둔다. 한 걸음씩 내딛으면서 발을 들어올릴 때의 느낌, 발이 앞으로 나아갈 때의 느낌, 땅에 닿을 때의 느낌에 집중한다. 뒤꿈치, 발바닥, 발가락 순서로 닿는 것이 좋다고들 하지만 난 그렇게 생각하지 않는다. 의식적으로 특정 방식의 걸음을 만들어내려는 시도 자체가 일종의 판단을 필요로 하기 때문이다. 원래 내 걸음이 어떤지 그저 관찰하는 편이 더 좋다고 본다. 그냥 발이 어디부터 지면에 닿는지 느껴보는 것이다. 체중이 한쪽 발에서 다른 쪽 발로 옮겨가는 감각도 느껴본다. 나는 처음에 한 열 걸음만 가도 딴생각이 났다. 아니다. 솔직히 말하자면 세 걸음만 가도 마구 생각이 쏟아졌다. 그러면 돌아오면 된다. 다시 발걸음이나 호흡으로 주의를 가져오는 것이다.

걷기 명상이 좋은 점은 내 몸의 감각에 집중하는 훈련이기 때문이다. 그 과정에 익숙해지면 어느새 지겨워질 수도 수 있다. 그럴 때는 다리의 움직임, 팔의 흔들림, 바람에 움직이는 머리카락 등 몸 전체의 감각으로 주의를 확장해볼 수도 있다. 많은 경우 우리는 평소 스마트폰을 들여다보고 컴퓨터로 작업하면서 여러 감각 중 시각을 압도적으로 많이 사용하는데, 걷기 명상을 하면 다른 감각이 살아나는 느낌을 받는다. 평소 홀대했던 촉각, 후각에도 주의를 기울일 수 있다. 내 근육과 자세를 온전히 느끼며 고유감각을 느껴보거나, 깊은 호흡과 관련된 내장감각을 깨울 수 있으면 더욱 좋다.

달리기를 하면서도 명상이 가능할까? 많은 러너가

자신도 모르게 명상과 유사한 경험을 한다. 바로 러너스 하이나 몰입 상태에 빠지는 경우다. 뛰기 명상은 이러한 특별한 경험을 의도적으로 연습하고 일상적인 달리기 상황에서 구현해보는 것이다. 호흡의 리듬, 심장박동, 발이 땅을 구르는 소리, 근육의 역동적인 움직임 등 강렬하고 리드미컬한 감각에 집중해본다. 속도 단축이나 특정 거리 달성이 아니라 달리는 과정 자체를 즐기고 느끼는 것을 목표로 한다. 규칙적이고 반복적인 동작과 호흡은 머릿속을 비우고 깊이 몰입하기 더 쉽게 만든다.

나는 실제로 해보니 뛰기 명상이 걷기 명상보다 더 쉽다고 느꼈다. 저절로 잡념이 사라지고 호흡을 관찰하기도 더 수월했다. 그런데 이건 사람마다 다르다. 나는 걷기를 하면 풍경이 더 느리게 지나가 마주치는 사람의 표정이 눈에 들어오고 간판 같은 걸 제대로 읽게 되면서 잡생각이 많이 났다. 반면 어떤 분은 마라톤을 완주할 정도로 달리기를 잘하는데도 천천히 뛰면서 하는 명상이 더 어렵다고 했다. 핵심은 현재를 느끼고 나를 판단하지 않는 것이니, 여러 가지를 시도해보고 나에게 맞는 방식을 선택하면 된다.

자전거를 타면서 페달을 밟는 움직임과 나를 스쳐가는 바람에 집중하고 척추의 움직임을 느껴보는 식으로 명상을 할 수도 있다. 난이도가 너무 높아서 수행 자체에 온 신경을 써야 하는 경우가 아니라면 어떤 운동이든 움직임 명상이 될 수 있다. 요가 역시 각 자세가 사실은 수행이며, 그 자세를 통해 고유감각이 변할 때마다 마주하게 되는 감정이 달라진다는 것을 전제로 한 수련이니 말이다.

걷기, 뛰기, 자전거 명상 모두 음악은 끄고 내가 최대로 낼 수 있는 속도보다 더 느리게 움직이는 것이 좋다. 주변 환경에 너무 신경 쓰지 않도록 익숙한 장소에서 하는 것도 도움이 된다. 또한 마음을 돌보는 것이 목표이기 때문에 기록을 측정하는 어플도 꺼두는 쪽이 명상의 정신에 맞지 않을까 싶다.

자기를 관찰하는 것은 참 재미있는 일이다. 아직도 나에 대해서 모르는 게 많았다는 사실을 알게 된다. 가만히 관찰해야지 자꾸 비난하고 탓하려고 하면 재미가 없어진다. 다그치듯이 따져 묻지 말고 제대로 몸의 이야기를 들으려고 한다면, 아직까지 모르던 내 비밀을 발견할 테니까.

몸의 움직임으로 이어지는 마음들

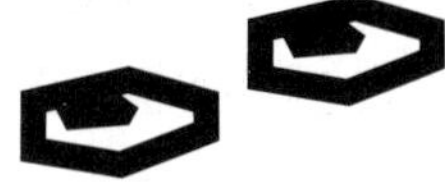

몸의 움직임, 공감의 열쇠

공감은 보기보다 어렵다. 공통점을 발견하고 기뻐하며 서로 가까워지는 것은 쉽고 설레는 과정이다. 너도 이 노래 좋아해? 나도 공포영화보다는 코미디가 좋아. 이렇게 코드가 맞는다며 비슷한 생각이나 취향을 확인하는 것을 우리는 공감이라고 착각하기도 한다. 그러나 서로 어긋나는 부분을 발견했을 때 어떻게 대처하느냐가 길고 깊은 관계의 관건이다. 사고방식이나 취향이 대부분 비슷한 소울메이트여도 언젠가 다른 부분을 이해하려고 애써야 하는 순간은 온다. 갈등을 해결하고 서로의 입장을 이해하기 위해 우리는 무엇보다 대화가 가장 중요하다고 배운다. 가장 중요한 것은 맞다. 그렇다고 어느 상황에서나 만능은 아니다. 특히 가까운 관계에서 대화를 할 때 우리는 상대방의 말을 들으려는 자세로 임할까? 내 입장을 이해받고 상대방을 설득하려는 마음이 앞서지는 않을까?

오랫동안 대화했는데도 관계가 악화될 뿐이라면, 혹시 의사소통의 질은 좋지 않고 양만 많아서 문제인 것은 아닐까? 갈등이나 민감한 주제로 대화가 너무 길어지면 정서적으로 소진된다. 반복적인 논쟁으로 관계가 더욱 악화되거나, 좌절감이나 무력감이 찾아오는 경우도 흔하다. 비난, 경멸, 방어적 태도, 담쌓기(존 가트맨의 '관계의 묵시록 4기사')가 반복된다면 대화 자체가 독이 된다. 상대방의 말을 제대로 들을 생각으로 대화에 임해야 문제가 해결될까 말까인데 말이다.

공감empathy은 앞서 말했듯 남의 신발을 신고 걷는 것, 결국 남의 입장에서 생각할 수 있는 능력이다. 상대방을 불쌍하게 여기는 동정sympathy과는 다르다. 너무 크거나 작아도, 굽이 높거나 작아도, 내 취향에 맞지 않아도 남의 신발을 신어보려면 상대방 사이즈의 파악이 먼저다. 즉 공감은 타인의 뜻을 이해하고, 행간의 의미를 찾고, 상대방의 입장을 논리적으로 추론하는 과정을 포함한다. 최선을 다하면 더 잘할 수 있게 되어도 뇌의 많은 영역을 쓰는 과정이라 각자 역량 차이는 있다. 누군가는 어려운 미적분도 척척 풀어내듯 타인의 말에 숨은 의미까지 파악하는 능력이 있다. 누군가는 두 자리 수 더하기를 겨우 하는 정도의 능력이라 직접적으로 말하지 않는 이상 상대방의 마음을 파악하기 어려워한다. 이 두 사람이 마주 보고 앉아서 열띤 대화를 30분 이상 끌고 가면 어떻게 될까? 공감 능력이 높은 쪽이 감정적으로 몰입하고는 공감을 받지 못할 테니 혼자 힘들 것 같지만 꼭 그렇지만은 않다. 대화가 길어질수록 공감 능력이 떨어지는 쪽도 과부하를 겪으므로 혼란에 빠진다.

오래된 관계에서는 대화보다도 마음이 편한 활동을 함께하는 것이 오히려 도움이 된다. 특히 가족 간에는 "대화 좀 해."라며 작정하고 오래 이야기를 나누기보다 짧게 자주 하는 것을 권한다. 대화할수록 사이가 나빠지는 가족이 있다면 함께 부대끼는 시간에 비해 대화하는 시간이 적은 탓이 크다. 관계의 유지에서 함께하는 전체 시간 중 행복한 시간과 불행하고 다투는 시간의 비율은 중요하다. 싸우기 싫으니 문제를 회피하자는 의미가 아니다. 예를 들어, 재테크나 자녀교육 문제에서 합의가 안 되는 부분으로 1시간을 말다툼하더라도 다른 3시간은 그냥 맛있는 것을 같이 먹거나 옆에 있으면서 각자 편히 지내는 시간이 필요하다는 의미다. 오래된 관계에서 필요한 것은 '그냥 함께 있는 시간'이다. 그런 시간을 갖기 어려운 이유는 여러 가지가 있는데, 일단 다들 각자 너무 바쁘다. 그리고 대화하면 모든 게 해결된다는 소통 만능설에 빠져 있다. 그러나 자꾸 대화만 시도하면 그 관계에서 좋았던 추억조차 퇴색될 수 있다. 모든 순간을 미래지향적 의미로 꽉 채우기보다는 마음 편히 함께 있는 가벼운 시간, 관계의 여백이 필요하다. 대화를 하지 말자는 의미가 아니다. 너무 각 잡고 하지 말고, 함께 신체 활동을 하다 보면 어느 순간 더 질 좋은 소통을 할 수도 있다는 것이다.

H씨와 K씨는 결혼 16년 차 부부다. 남편인 H씨는 당뇨와 통풍을 앓으면서 짜증이 많아졌고 잠을 못 자니 회사 일까지 집중이 잘 안 되었다. 후배가 자신의 팀장이 되니 수면에 어려움이 심해져 병원에 다니기 시작했다. H씨는 아내 K씨가 자기의 우울증을 이해해주지 않고 관심도 없다고 했다. H씨에게 아내분 한번 같이 오시라, 내가 설명드리겠다고 했다. 정신과 의사라고 대단한 이야기를 할 수 있어서라기보다는, 누구나 가족보다는 제3자

의 말을 잘 듣기 때문이었다.

아내 K씨도 자기 나름의 입장이 있었다. K씨가 조금 일찍 퇴근한다는 이유로 집안일과 아이들 돌보는 일을 도맡아왔는데, 남편이 진단 이후 더 "이기적"이 되었고 병을 이겨내려고 애쓰기는커녕 맨날 누워만 있으니 실망이 쌓였다. "우울증 때문이 아니라, 원래 집에 오면 아무것도 안 했다니까요. 우울증에 걸리면 제가 걸리지 세상 편한 저 사람이?" K씨는 주변과도 상의해봤지만 명백한 외도, 폭력, 도박 문제가 아니다 보니 대수롭지 않게 여기며 참고 살라는 사람들이 대부분이었다. 지자체에서 운영하는 건강가정지원센터에서 상담도 받았지만 몇 번 가다 말아서 효과가 없었다.

사는 건 누구나 힘들다. 오래된 부부나 연인이라도 인생은 각자의 것이라 각자 힘든 순간이 더 많다. 타인은 그저 짐작할 뿐, 오직 나만이 내 힘든 순간을 전부 아니까 서럽고 스스로가 불쌍하다. 외롭다. 내가 얼마나 힘든지를 이해해주면 좋겠다. 이런 식으로 상대방의 이해에 대한 요구만 늘어난다. 자신은 상대방의 힘든 것을 알고 있다고 착각하면서. 나는 두 사람의 서로에 대한 부정적 감정은 꼭 관계의 문제가 아니라 각자 번아웃이 오고 스트레스를 쌓아둔 탓도 있다고 설명했다. 그리고 나와 부부상담 또는 커플상담을 하면 십중팔구 헤어졌다고 고백했다. 그 말에 다행히 둘 다 흠칫했다. 이혼은 하고 싶지 않은 거다. 둘은 대화를 해야 할까? 그러면 좋아질까?

이야기를 할 만큼 했다면, 같이 카페에 가보고 술도 한잔 했는데 제자리라면, 차라리 함께 걷기를 해보자. 절대 대화하지 말고, 그냥 같이 걷는 것이다. 나란히 걷기만 하고 서로에게 말을 걸지 않기 위해 노력한다. 손을 잡으면 더 좋지만 잡지 않아도 되고, 떨어져 걸어도 좋다. 그냥 길거리의 같은 풍경을 보고 같은 바람을 느낀다. 오래된 관계에서 대화로 지친 사람들일수록 서로 아무런 이야기도 하지 않기로 약속을 단단히 해두는 것이 좋다. 화가 나서 입을 다무는 상태와는 다르다. 말없이 함께 있을 때 비로소 서로에게 정말 하고 싶은 가장 중요한 이야기가 무엇인지 깨닫고 상대방의 마음을 보기 시작할 수 있다. 뚫어지게 서로를 바라보기보다는 어쩌다 스치는 팔, 발걸음, 그 사람이 시선을 두는 곳을 관찰해보는 것이다. 함께하는 모든 순간을 언어로 빼곡히 채운다고 관계가 잘 풀리는 것은 아니다. 무언가를 하지 않으려는 노력, 선을 넘지 않고 상대방의 빠르기와 호흡을 존중하려는 노력이 더 필요할 수 있다.

두 사람은 주 3회 정도씩 묵묵히 같이 걷기만 했다. K씨가 너무 빨리 걷는다고 H씨가 투덜댄 적도 있고, 뻥튀기 소리에 깜짝 놀란 K씨에게 H씨가 핀잔을 주었고, 이에 K씨가 서운해하기도 했다. 그래도 함께 걸었다. 대화하며 피 터지게 싸울 때보다 훨씬 더 서로를 잘 이해하게 되었다. 그리고 두 사람은 조금씩 같이 달리기 시작했다. 걸으라고만 했는데 달리기까지 하다니 놀라웠다. 의사가 시동만 걸어도 기대 이상의 성과를 내는 분들을 볼 때면 얼마나 보람 있는지. H씨의 당뇨는 더 나빠지지 않고 당화혈색소 수치도 떨어졌다. K씨는 혼자 마시는 술을 줄이게 되었다. 술을 줄이고 나서야 실은 원래 얼마나 많이 마셨는지 진실을 이야기해주는 경우였다.

다들 가장 가까이에 있는 사람을 원망한다. 서로를 탓하던 H씨와 K씨는 각자의 직장이나 원가족 문제도 큰 기여를 하고 있었다는 것을 이해하게 되었다. 재미있는 점은 두 사람이 달리기에 익숙해지자 각자 뛰기 시작했다는 것이다. H씨는 동네 뒷산을 뛸 정도가 되었다. "애들 학원 데리러 가느라 시간 맞추기도 그렇고, 이제 따로 뛰긴 하는데요. 그래도 전보다 많이 좋아졌어요."

K씨는 지금 운동하는 남편이 누워 있던 남편보다 훨씬 좋다고 했다. 각자 러닝을 하면서 오늘은 어땠는지 이

야기를 나누고 기록을 공유하는 과정을 통해 둘은 오랜만에 공통점을 찾았다. 잔소리를 듣는 것보다는 숨소리를 듣는 것이 낫다. 이 부부만의 이야기가 아니다. 실제로 운동하는 부부들은 배우자가 몸을 움직이는 모습, 힘든 상황을 극복하는 모습을 새롭게 보면서 서로에 대한 존경심을 느끼게 되거나 몰랐던 매력을 발견하기도 한다. 일상적인 활동보다 신나는 신체적 활동을 함께 한 커플의 관계 만족도가 더 크게 좋아졌다는 연구도 있다. 인간에게는 새로운 경험을 통해서 자아를 확장하려는 욕구가 있는데, 운동이 이런 확장을 도와서 상대에 대한 지루함이 극복되고 관계에서 만족감도 덩달아 높아지는 것이다. 함께 페이스를 맞춰 움직이는 과정은 비언어적 동조화를 일으켜 무의식적인 유대감과 호감을 높이는 접착제 역할도 한다.

대화로 거리를 좁힐 수 없는 부부나 가족에게는 바로 같이 뛰기보다는 걷기부터 권한다. 둘이 원하는 운동 강도가 다를 가능성이 높기 때문이다. 한쪽 배우자가 운동을 원하지 않는데 강요한다면 오히려 관계에 악영향을 줄 수도 있다. 자기 방식만 강요해서는 또 싸우기 때문에 이럴 때는 사람들이 많이 하는 무난한 운동이 좋다. 내 경험상 자전거 역시 함께는 있되 굳이 대화를 안 할 수 있어서 도움이 되었다.

걷다가 꼭 뛰는 방향으로 가지 않아도 된다. 어느 한 쪽이라도 원하지 않는다면 무리하지는 말아야 한다. K씨의 말에 따르면 걷다가 자기가 "차라리 저 사람들처럼 조금씩 뛰어볼까?"라고 제안을 했다고 하고, H씨에 따르면 그냥 둘이 빨리 걷다 보니 조금씩 뛰게 되었다고 한다. 긍정적인 변화의 결정적 순간은 원래 잘 기억이 안 난다. H씨와 K씨는 이제 둘 다 약을 끊어서 병원에 오지 않으므로, 둘 중 무엇이 사실인지는 알 수 없다. 우리 모두의 기억은 조금씩 왜곡되고, 두 사람도 각자의 진실을 말했을 것이다.

대화는 미뤄둔 채 같이 걷거나 뛰는 것이 본질적 문제 해결은 아니라고 할 수도 있다. 그렇다. 대화로 해결되면 더 좋지만, 너무 지치면 이렇게도 해보라는 것이다. 관계에서 본질은 무엇인가? 함께하는 것이다. 삶에서 같은 목표를 지니고 손을 맞잡던 때처럼 말이다. 온전히 한 사람의 인생이 거기 있음을 인정하고, 같이 걷는 것이 좋은 관계이다. 도중에 각자 다른 길로 가더라도 또다시 우리집 식탁에서 언제든 마주 앉는 것이 부부 아닐까.

함께하는 몸의 기억이 오래간다

사랑하는 사람의 죽음을 통해 우리는 다시는 돌아오지 못할 곳으로 가버린 존재의 부재를, 결코 어떻게 하지 못하는 것, 몇 년간 밤에 깨어나서 울부짖어도 돌이킬 수 없는 현실을 온몸으로 느끼게 된다. 서른 살에 아버지가 돌아가신 것이 특별한 경험은 아니다. 평범한 불행이다. 장례를 치르며 나는 생각했다. 이 나이에 부모님이 돌아가셔도 이렇게 힘든데, 더 어린 나이에 가족을 잃은 사람들은 도대체 얼마나 힘들까? 자식을 먼저 보낸 나의 할머니 할아버지는 얼마나 힘들까? 다른 사람의 입장을 헤아리는 공감은 어쩌면 나를 지키기 위한 방어였다.

헤어짐의 직후에 더 힘든 까닭은 망자와 얽힌 아픈 기억만 떠오르기 때문이다. 기억은 선택적이다. 근무 중 아버지의 진단명을 전화로 듣고 폐쇄병동 안정실 안에서 울었던 기억. 아버지가 투병하며 고생한 7개월. 임종 순간 가슴이 꽉 막히는데, 임신 30주의 배를 받치면서 지금 갑자기 아기가 나올까봐 걱정하던 감각이 생생했다. 그것이 아버지 삶의 전부가 아니었음에도 그 앞의 30년은 기억이 나지 않았다. 마지막의 힘들었던 모습만 떠오르니 더욱 괴로웠다.

죽은 이들은 돌아오지 않는다. 죽은 이들은 슬퍼할 방법도 없다. 하지만 산 자들은 갖가지 방법으로 슬퍼한다. 영원히 떠난 사람의 좋은 모습을 기억해내려면 시간이 좀 더 필요하다. 임종 후 몇 달이 지나자 병상의 아버지가 아닌 어린 시절 함께했던 아버지의 모습이 기억나기 시작했다. 지금도 가장 생생하게 떠오르는 것은 함께 몸을 움직였던 시간이다. 아버지와 호숫가를 돌았다. 뙤약볕에 마른 관악산의 바위를 같이 올라갔다. 매봉산의 그늘에서는 꽁치찌개를 해먹었다. 어린이날 운동회에서 같이 달렸다. 시골 냇가에서 같이 수영했다. 거제도의 무인도에 같이 텐트를 쳤다. 그랬었다.

아버지가 나에게 해준 말들은 사실 가물가물하다. 지금까지 남아 있는 것은 몸의 기억뿐이다. 가족 사이에 대화보다는 그냥 서로에게 존재하는 조용한 시간이 필요하다고 했다. 아버지가 틈만 나면 대화를 시도하고 본인 세대의 가치관을 주입하려고 했던 사람이라면, 그리고 상처가 되는 말을 남겼더라면 말들이 먼저 생각났을지도 모르겠다. 나는 내 아이들이 잘 살았으면 좋겠다. 내가 겪은 실수, 바보 같았던 일, 너희는 절대로 겪지 않았으면 좋겠다. 너희의 인생이 내 인생보다 나았으면 하는 마음에 해주고 싶은 말이 많다. 하지만 그런 말들은 내가 함께 이 세상에 있을 때든, 떠났을 때든 별로 의미가 없을 것이다.

인간의 수명은 누구에게나 참 짧다. 나는 함께하는 시간 동안 가족들과 같이 움직이기로 했다. 뒷산을 함께 오르고, 배드민턴을 치고, 같이 수영하고, 그러다가 꼭 이야기할 게 있으면 대화를 나누기도 하고. 내가 좋아하는 폴댄스를 체험해보러 와줬고, 너희가 좋아하는 클라이밍장에도 같이 가봤고, 당신이 가고 싶어하는 대청봉에도 언젠가 갈 것이다. 외로움이 가슴에 사무치는 순간이 와도 결국 일어서려면, 몸이 함께한 기억이 힘이 될 것이다.

트라우마를 덮기 위해서는 새로운 몸의 기억이 필요하다. 하지만 꼭 안 좋은 일이 생긴 뒤에야 그것을 덮을 좋은 기억을 만들어야 하는 것은 아니다. 우리의 시간은 과연 일직선으로, 과거에서 미래로만 흘러갈까? 테드 창의 「네 인생의 이야기」(『당신 인생의 이야기』, 엘리, 2016)에서처럼 과거에 영향을 줄 수 있는 미래란 존재하지 않는 것일까? 인간은 미래를 모르지만 또한 알고 있다. 지금의 좋은 기억이 힘이 될 것이라는 것을 말이다.

개인의 주장만 앞세우는 책을 쓰고 싶지 않아서 수십 권의 운동 관련 책, 수백 편의 뇌과학 및 운동과학 및 체육학 논문을 읽었다. 데이터를 늘어놓지 않되 객관적 근거에 기반하려고 애썼다. 그러나 이 이야기만은 지극히 사적인 경험이다. 그저 내 삶이 근거임을 용서해주시길 바란다.

운동하면서 만난 사람들

함께 운동하며 친해지기 쉬운 까닭은 인간의 뇌에 있는 거울 뉴런mirror neuron 덕분이다. 타인의 행동을 관찰하면 우리 뇌에서는 상대방 뇌와 비슷한 일이 일어난다. 예를 들어 누군가가 컵을 집을 때 우리는 단순히 손의 움직임만 보는 게 아니라 '물을 마시려나보다.'라고 그 의도까지 파악한다. 이 파악을 통해 공감이 가능해지고, 신기하게도 나 역시 물을 마시고 싶어진다. 나는 내 주변 사람들의 평균이라는 말처럼, 우리는 거울 뉴런을 통해 의식하지 않아도 주변과 상호작용을 한다. 같은 운동을 하는 사람들이 금방 친해지는 것도 이 때문이다. 비슷한 동작에 몰입하면서 서로 이해하고 가까워진다.

유발 하라리의 『사피엔스』(김영사, 2023)에서 보듯, 인류는 본래 무리를 지었을 때 더 즐겁고 효율적이다. 공통의 목표를 향해 서로 돕고 땀 흘리는 과정에서 끈끈한 유대감이 생긴다. 물론 그 과정에서 스트레스를 받기도 한다. 내 상태가 좋으면 뒤처지는 사람도 챙겨줄 수 있지만, 내가 피곤하고 아플 땐 힘내라는 주변의 격려조차 부담스럽다. 그러므로 언제나 다른 사람들과 함께해야 하는 건 아니다. 모임을 통해 얻는 이득과 손실을 냉정하게 계산해봐야 한다. 계산이라는 말이 차갑게 다가올 수 있지만, 우리 뇌는 이미 무의식적으로 시간, 에너지부터 비용까지 여러 가지를 계산하며 산다.

자전거를 좋아하는 G씨는 내향인이자 매우 예민한 사람HSP이라 평소 사람들 사이에서 에너지가 쉽게 고갈된다. 그래서 자전거도 혼자 탔고 그것도 괜찮았지만, 실력이 정체되어 성취감이 떨어지자 동호회 가입을 고민했다. 이럴 때는 장단점을 명확히 분류해야 한다. 인지행동치료에서 쓰는 기법으로, 특정 행위를 하거나 하지 않는 경우에 따라 총 네 가지로 나눠보는 것이다. 자전거 동호회 가입에 대한 G씨의 분석은 이랬다.

① 할 때의 좋은 점: 승부욕이 있어 거리, 속도 등 기록 향상 가능

② 할 때의 나쁜 점: 뒤풀이 자리가 부담스러움

③ 안 할 때의 좋은 점: 남들과 장비를 비교할 여지가 없어 마음이 편함

④ 안 할 때의 나쁜 점: 친구나 동료에게는 먼저 자전거 얘기를 꺼내지 못해 정보 공유가 어려움

'할 때의 좋은 점'과 '안 할 때의 나쁜 점'이 같은 것 아니냐고 반문할 수도 있겠지만, 운동뿐만 아니라 중독이나 대인공포 등의 인지행동치료에서도 그 두 가지는 미묘하게 다른 경우가 많다. G씨에게 무엇을 가장 중요하게 고려하고 싶은지 물었을 때 그는 망설였다. 중요도 판단이 어려울 땐 확실성을 따져본다. ①번(기록 향상)은 이미 경험을 통해 확실한 결과가 예상되지만 나머지 ②, ③, ④번은 예측일 뿐 불확실했다. 특히 혼자 타더라도 좋은 장비를 보면 욕심이 나는 건 마찬가지였다.

이 과정을 통해 G씨는 깨달았다. 나는 성취감이 중요해도 비교하는 마음은 억제할 수 있구나. 필요한 소통은 가능하지만 의미 없는 대화를 꺼리는구나. 운동 고민으로 시작해 자기 자신을 더 잘 알게 된 것이다. 그런데 그가 뜻밖의 고백을 했다.

G씨   제 기록을 위해 동호회 들 생각을 하다니…….

사람들을 이용하는 소시오패스나 나르시시스트 같아 부끄럽네요.

나 그들은 상대방과 합의되지 않은 착취를 하니 나쁜 것이지요. 다들 서로를 어느 정도 이용하며 살아갑니다. 내 이득을 위해 남을 속이거나 일방적으로 상대방을 이용하는 것이 나쁜 거고요. 그리고 소심하고 착한 분들이나 '내가 소시오패스인가' 의심하지, 진짜 소시오패스들은 그런 의심조차 안 합니다.

G씨 다들 서로 이용하며 산다고요?

나 G씨도 불안장애를 극복한다는 목적을 위해서 저를 잘 이용하셔야 합니다. 그 과정에서 무리한 요구를 하거나 상대방이 맞춰주기만을 바라지 않으시니까 괜찮습니다. 그리고 원래 동호회는 모임의 주제와 만남 모두가 목적인데, 둘 중 무엇이 더 중요하느냐는 사람마다 다르니까 너무 걱정 마세요.

운동에 따라오는 인간관계가 부담스럽다면 온라인 모임도 고려해볼 만하다. 내향인들을 위한 뒤풀이 절대 금지 러닝 크루도 있고, 오직 '오운완(오늘 운동 완료)' 인증샷만 올리고 잡담을 한 마디라도 하면 강퇴시키는 SNS 대화방도 있다.(내향성 60퍼센트에 외향성이 살짝 묻은 나는 그 삭막함을 못 견디고 잡담했다가 강퇴당했다.) 여전히 온라인을 통한 만남에 거부감을 갖는 사람들이 많지만, 지역, 학교, 직장 연고 없이 오로지 자기 선택으로 누군가와 이어질 수 있다는 건 온라인이 주는 축복이다. 오프라인 인연만이 안전하고 진실되며 온라인 인연은 위험하다는 이분법은 생활 반경을 좁힐 뿐이다. 진료실에서 봐도 그렇다. 데이팅 앱으로 만나 결혼까지 가거나 온라인 스터디를 통해 취직한 사람도 있다. 반면 죽마고우에게 사기를, 친척에게 성범죄를 당한 사람도 있다. 어디든 좋은 사람과 나쁜 사람이 있고, 순수한 모임과 상업적인 집단이 있다. 만난 경로는 관계의 진실성과 큰 상관이 없을 수도 있다. 믿음은 초기 세팅값이 아니라 지속적으로 관계를 다져가는 노력의 과정에서 나온다.

사람들은 각자 하나의 행성과 같아서 자기 에너지에 맞는 타인과의 거리가 있다. 그 적정 거리에 맞게 '따로 또 같이' 한다면 운동을 지속하기 쉽다. 누구나 자기 자신과의 약속을 잘 어긴다. 내 의지만 믿는 것이야말로 게을러지는 지름길이다. 내가 첫 책을 쓴 것도 글쓰기 카페에 가입해 '하루 1000자 이상 안 쓰면 벌금 5000원'이라는 강제성을 부여했기 때문이다. 나 자신과의 약속을 못 지킨다고 자책하지 말고, 남과의 약속을 활용하자. 꼭 오프라인에서 모여 잔뜩 취할 때까지 시간을 보내야만 함께가 아니다. 혼자 못 해서 남과 함께 하려는 건 의지박약이 아니다. 누구와 어떤 약속을 할지 결정하는 것, 그 자체로 이미 훌륭한 의지가 필요한 일이다.

G씨가 결국 자전거 동호회에 가입했는지는 모른다. 집 앞 공유자전거로 시작해 자전거 타는 시간을 늘려가며 우울증 약을 차차 줄였고, 그날이 약을 끊는 마지막 진료였기 때문이다. 불편하면 다시 오시라고 했는데, 부디 건강하게 잘 지내시길 바란다.

비교하는 마음을 건강한 경쟁심으로

미움, 분노, 무시, 억울함…… 부정적인 감정은 많지만, 그 중에서도 시기와 질투는 사람들이 가장 인정하기 싫어하는 감정이다. 누군가를 싫어하거나 그에게 화가 날 때는 상대방에게 이유가 있는 것 같지만, 시기나 질투라면 그런 감정을 품은 나에게 이유가 있는 것처럼 느껴진다. 나의 부족함으로 생긴 부정적인 감정이 되어버린다. 시기나 질투는 우리가 흔히 느끼는 감정인데도 그것을 쏙 빼놓고 생각 하다가 갈등 상황의 본질을 이해하지 못하는 경우도 꽤 있다. "○○가 나를 무시해서 속상해요." 이런 이야기는 다들 쉽게 하지만, "○○가 나를 질투해서 힘들어요." 같은 말은 입 밖으로 잘 나오지 않는다. '내가 뭐가 잘났다고 그 사람이 시기하겠어?' 싶은 겸연쩍은 마음 때문이다. 그러나 나 또는 상대방의 시기와 질투를 인지하지 못하면 그 이후의 대처까지도 꼬이게 된다.

시기와 질투는 닮은 듯해도 다르다. 시기심envy은 상대방이 가진 좋은 것을 샘내어 미워하거나, 내가 갖지 못한 것을 타인이 가지고 있을 때 느끼는 고통스러운 감정이다. 타인의 것을 깎아내리고 그가 불행해지기를 바라게 된다. 질투jealousy는 조금 다르다. 소중하게 여기는 관계나 소유물을 누군가에게 빼앗길까봐 두려워하거나 이미 빼앗겼다고 생각할 때 느끼는 분노다. 쉬운 예를 들어보자면, 동생이 태어났을 때 언니나 형이 아기를 '질투한다'고 하지 '시기한다'고 하지는 않는다. 내가 받고 있던 부모님의 사랑을 뺏길까봐 두려운 것이기 때문이다.

시기와 질투는 스스로 더 나아지기 위해 노력하게 하는 동력이 되는 등 긍정적인 방향으로 발휘될 여지도 있다. 하지만 대부분은 사람을 갉아먹는다. 특히 감정에 불타오르는 당사자가 자기 감정을 인식조차 못 하거나, 이를 받아내는 상대방도 표면 아래 숨은 시기나 질투를 잘 눈치채지 못하니 갈등은 더 심해진다. 시기나 질투의 당사자는 비교하는 마음이 커지고 자신이 초라하다 싶어 분노에 휩싸인다. 상대를 탓하고, 나아가 사회 탓을 한다. 내 마음을 돌아보는 것보다 남 탓을 하는 게 훨씬 쉽기 때문이다. 반대로 질투를 받는 대상은 영문도 모른 채 미움받는 상황에 놓여 억지로 자기 잘못을 찾아내며 괴로워하기도 한다.

인간은 비교에서 자유롭기 어렵고, 비교하지 말라는 조언은 현실성이 떨어진다. 누가 하고 싶어서 비교하나? 하지만 꼭 기억할 점은, 우리가 속상할 때 비교하는 그 '남들'에는 실체가 없다는 사실이다. "남들은 다 행복해 보여요." 그렇게 말하는 환자들에게 나는 묻는다. "도대체 누가요?" 대부분 길에서 마침 표정이 밝아 보이는 사람이나 인스타그램 속 허상이다. 비교를 피할 수 없다면 제대로 비교하자. 불특정 다수와 뭉뚱그려 비교하지 말고, 차라리 특정한 사람을 찍어서 작정하고 관찰해라. 부러우면 가서 물어봐라. "어떻게 그렇게 잘하세요?" 십중팔구 이런 답이 돌아온다. "아, 헬스를 오래 했어요." "왕년에 선수 생활 잠깐 했어요." 다들 이유가 있다. 다른 종목에서 쌓은 실력이 있든, 숨겨진 노력이 있다. 삶도 마찬가지다. 가까이서 현미경으로 들여다봐야 그 사람의 힘든 과정이 드러난다. 멀리서 보면 다 희극이고 행복해 보일 뿐이다. 우리가 비교하며 괴로워하는 그 완벽한 '남들'이란, 이 세상에 없다.

어느 날 폴댄스 스튜디오에서 일곱 명이 스트레칭을 하는 상황에 나는 작정하고 사람들을 관찰해보았다. 엄청 유연해 보이던 사람은 알고 보니 한쪽만 다리가 찢어지고 다른 쪽은 아예 못 했다. 온갖 기술을 하면서도 스쿼트는 어이없을 정도로 엉성한 사람도 있었다. 자세히 관찰하지 않으면 알 수 없다. 다들 각자의 부족함에 따른 고충이 있다. 금수저, 인플루언서, 유치원생도 각자의 고민이 있고, 그들 모두가 자신의 뼈와 근육으로 제 몸의 무게를 지탱하며 산다. 쾌변을 하지 못하거나, 악몽을 꾸거나, 비에 젖은 신발을 신으면 기분이 더럽기는 매한가지다.

인간은 평등하지만, 삶이 공평하지는 않다. 내전 국가에서 태어나 굶지 않기 위해 열 살 때부터 노동에 시달리는 아이들이라고 특별히 뭘 잘못해서 그런 상황에 처한 게 아니다. 예쁘고 똑똑해서 원하는 것을 다 하며 사는 사람도 자기 나름의 지옥이 있다. 환경을 탓하고 세상 탓만 하며 시기와 질투에 휘말리면 정신건강은 계속 갉아먹히고 만다. 내 자리에서 최선을 다하며 살다 보면 세상은 어느새 변해 있기도 한다. 하지만 제도와 사회를 탓하며 불평만 하면 세상은 더디게 변하니 답답할 따름이다. 우리 삶에는 고정된 값이 대부분이고, 변화를 줄 수 있는 부분은 극히 적다. 감각기관조차, 심지어 내 마음조차 내 말을 잘 듣지 않는다.

바위산처럼 고정되어 있는 운명에 비해 그나마 내 뜻대로 움직이고 바꿀 수 있는 돌멩이가 있다. 바로 내 몸이다. 고개를 돌리거나 침을 삼키려고 하면 일단은 마음먹은 대로 할 수 있다. 긴장하면 땀을 내서 나도 몰랐을 내 마음을 알려준다. 얼마나 신비로운가? 이 세상에서 그나마 마음대로 해볼 수 있는 유일한 부분! 그 몸과 친해질수록 뾰족한 공격성은 줄어든다.

시기심과 질투심을 경쟁심competitiveness으로 바꾸는 과정이 필요하다. 경쟁심은 목표나 성과를 놓고 겨루는 태도다. 남을 끌어내리려는 시기심과는 다르다. 내가 더 나아져서 이기고 싶은 마음이다. 좋은 운동은 경쟁이다. 마음속의 시기심이나 질투심을 '더 나은 내가 되고 싶다'는 단순한 마음으로 바꾸는 과정이다. 꼭 더 많은 득점을 하고 더 무거운 무게를 들어야 이기는 건 아니다. 각자의 다른 처지와 신체적 조건을 인지하고 그 자리에서 노력하는 것이다. 나는 저 사람보다 짧은 거리를 더 느리게 달렸지만, 그건 내 상황이 다르기 때문이다. 그리고 나는 앞으로 더 나아질 것이다. 진정한 경쟁은 다른 누구도 아닌 어제의 나를 이기는 것이다.

지금도 누군가 밖에서 뛰고 있다. 다들 달린다고 나도 똑같이 달릴 필요는 없다. 우리는 제각기 다른 사람이니까. 춤을 추든, 수영을 하든, 자전거를 타든 각자 좋아하는 움직임이 있으니까. 몸의 움직임으로 마음의 움직임을 바꾼다는 점에서는, 우리는 모두 같은 사람이다.

우리는 모두 연결된 존재다

어렸을 적 아이들이 아플 때면 늘 내가 대신 아팠으면 했다. 내가 굉장히 희생적인 엄마여서가 아니다. 내 아이의 아픔을 상상할 때의 심리적 고통에 병간호로 겪는 수면 부족 등 신체적 고통까지 고려하면 내가 아픈 것이 정말로 더 낫기 때문이었다. 하지만 당연하게도 그건 불가능하다. 내 몸이 아니기 때문이다. 아픈 것까지 안 가더라도, 아기들은 태어나는 과정도 굉장히 힘들어 보이던데 그 일부터 혼자 해내야 한다. 죽음도 각자 겪게 된다. 다행히 자신의 탄생과 죽음은 둘 다 기억에 없겠지만, 우리는 삶에서 많은 순간을 혼자 겪어왔고 앞으로도 그래야 한다.

이렇게 삶은 본질적으로 쓸쓸하다. 그렇다고 힘든 순간 옆에서 손을 잡아주는 것이 부질없을까? 손을 잡는다고 해결되는 것은 없지만, 그래도 의미는 있다.

세상사에 너무 몰두하는 환자들에게 나는 늘 혼자 고민하지 말고 일단 밖으로 나가 군중의 일부가 되라고 한다. 촛불집회, 태극기부대 집회, 퀴어퍼레이드, 천안함 추모 행사, 세월호 등 재난현장 봉사…… 어느 것이라도 좋다고 말이다. 사회나 정치 이야기가 나오면 자꾸 직접 참여를 권유하니까 내가 본인과 정치적 성향이 같은 것으로 오해도 받았다. 의사는 환자들의 옳고 그름을 간섭할 권리가 없다. 건강에 대한 제안, 몸의 움직임을 통한 회복을 제시할 수 있을 뿐. 분명한 것은 집안에서 언론만 보고 속앓이를 하면, 누워서 댓글로 싸우면 더욱 우울해지고 외로워질 뿐이라는 사실이다.

정치나 사회 문제가 아니어도 좋다. 축제, 5킬로미터 마라톤 대회, 강좌에 가서 뜻을 같이하거나 나와 조금이라도 비슷한 이들을 직접 만나자. 친척, 옆집 사람, 회사 동료, 중학교 동창과 뜻이 맞지 않는다고 속상해하지 말고 내가 만날 사람들을 내가 정하자. 뜻을 같이하는 사람들과 함께 걷고, 서 있고, 때로는 옆에 앉아 있으면 된다. 아무랑도 말을 섞지 않고 조용히 자리만 지키다가 와도 훌륭하고, 신나면 앞에서 깃발을 들고 같이 춤을 춰도 좋다. 우리의 몸은 그러라고 있는 것이다. 콘서트장에서는 연예인이라도 직접 보지, 신을 만나지도 못하는데 사람들이 매주 모여서 예배나 미사를 드리는 까닭도 그래서다. 나와 뜻을 함께하는 사람들을 직접 확인하기 위해서다. 그들의 얼굴과 눈동자와 땀이 실제로 존재한다는 것을 확인하자. 옆에서 내미는 손길을 통해 삶의 고민과 아픔이 치유되는 그 과정을 직접 겪어보자. 시민운동이나 사회운동처럼 변화를 향한 역동적인 움직임도 결국 운동이라고 부르는 까닭이 있다. 서로 이야기를 나누지는 않지만 같이 있는 것만으로도 힘이 되고 정신적으로 건강해질 수 있는 활동. 각자 다른 존재로서 같은 길을 걷는 나와 우리를 느끼는 것이다.

이 세상에 절대적인 옳음은 없다. 사람 하나하나의 인생은 역사고, 옳다고 믿는 부분에는 누구나 자기 나름의 이유가 있다. 누구나 저마다 옳다. 내 몸이 가는 방향, 내 몸이 서 있는 곳, 내가 걷는 속도, 그것이 나에게 옳다.

몸이 마음에게 답을 알려줄 것이다.

부록 — 운동 분류표

세상에는 이렇게 다양한 운동이 있습니다! 그러니 한두 번의 경험만으로 쉽게 포기하지 말고, 일단 한번 이것저것 해보고 결정합시다. 그래도 큰일 안 납니다.

아래의 내용도 모든 경우를 포함하지 않고, 접근성 또한 당연히 사람마다 다를 수 있으니 가볍게 참고만 해주세요. 아무리 센터가 드물게 있어도 우리 집 바로 앞에 있으면 장소접근성은 좋은 거겠죠.

장소접근성과 비용접근성은 1부터 5까지의 숫자로 표시했습니다.

장소접근성

1 (마땅한 장소를 찾기 어렵거나 센터가 드물게 존재) – 5 (운동할 장소를 찾아보기 가장 쉬움)

비용접근성

1 (강습비나 장비 구매 및 이용료가 비쌈) – 5 (가장 저렴한 비용으로 가능)

1. 피트니스 및 기초 체력 단련: 무산소 위주

가장 많은 센터가 있는 만큼 선생님도 다양하므로 체험을 반드시 해보고 결정하기를 권합니다.

	장소접근성	비용접근성	이용 형태	비고
웨이트 트레이닝 (헬스장)	5	5	개인	
웨이트 트레이닝 (PT)	5	2	개인	별도의 개인운동을 병행하는 정도에 따라 차이 발생
웨이트 트레이닝 (그룹)	4	3	그룹	
보디빌딩	3 (전문 코치 필요)	2 (식단, 대회)	코칭+개인연습	
크로스핏	4	3	그룹수업	

실내 클라이밍	4	3 (전용 신발 필요)	수업+자유이용	
요가	5	3	그룹>개인	불안장애 관련 연구 가장 많음
필라테스	5	개인 1 그룹 4	개인>그룹	
플라잉요가	3	3	그룹	
번지피지오	1	2	그룹	

2. 피트니스 및 기초 체력 단련: 유산소 위주

	장소접근성	비용접근성	이용 형태	비고
걷기	5	5	개인	
러닝	5	5	개인/크루	
줄넘기	5	5	개인	
등산	5 (한국 지형)	5 (겨울 3)	개인/동호회	
스피닝	4	3	그룹	다른 수업과 묶여 있는 경우가 많음
맨발 걷기 (earthing)	4 (황토길 급증)	5	개인	면역 저하시 감염 주의

3. 자전거 및 주행 스포츠

장비를 구매하기 전에 대여용 등으로 나에게 맞는 운동인지를 확인해보는 것이 중요합니다.

	장소접근성	비용접근성	이용 형태	비고
자전거	5	1~5 (장비에 따라 유동적)	개인/동호회	
인라인스케이트	3 (전용 트랙)	5	개인/그룹	
스케이트보드	3	5	개인/그룹	

4. 구기 및 라켓 스포츠

혼자 하기는 힘든 경우가 많아서 동호회의 유대감이 상당하고, 그것이 장점인 동시에 단점이 되기도 합니다. 동호회 내 인간관계 유지를 위한 식사 및 음주 비용 등은 고려하지 않았습니다.

	장소접근성	비용접근성	이용 형태	비고
배드민턴	5	5	2인 이상	
탁구	5	5	2인 이상	
테니스	2	1	2인 이상	
스쿼시	2	1	개인/그룹	
골프	필드 1 스크린골프 5	필드 1 스크린골프 3	4인	
당구	5	5	개인/그룹	
게이트볼	3 (증가 추세)	4	그룹	
볼링	5	3	개인/그룹	
축구/풋살	4	4	그룹	제대로 즐기려면 동호회 가입 추천
농구	4	4	그룹	
배구	2	3	그룹	
핸드볼/소프트 볼/세팍타크로	1	3	그룹	
야구	1	2	그룹	동호회 가입 필수
피클볼	1	3	그룹	시니어층 확산중

5. 무도 및 투기 종목

수련 시간 내내 대결이나 스파링만 하는 게 아니라 유산소운동의 요소가 많아서 체중 감량의 효과가 크고, 최근 여성 비율이 높아져 성비가 거의 비슷해지고 있습니다.

	장소접근성	비용접근성	이용 형태	비고
태권도	5	4	주로 그룹	
복싱/킥복싱	5	4	주로 그룹	이 중 두 종목 이상을 함께 지도하는 도장도 있음
무에타이	4	4	주로 그룹	
주짓수	4	4	주로 그룹	

	장소접근성	비용접근성	이용 형태	비고
유도/합기도	3	4	주로 그룹	
검도	3	3 (초반 장비)	소그룹	
국선도/태껸	2	3	그룹	다른 격투 종목에 비해 정적
씨름/레슬링	1	3	소그룹	
펜싱	1	1	소그룹	

6. 댄스 및 예술성 운동

춤이 어떤 운동보다도 우울증에 도움이 된다는 대규모 연구 결과도 존재합니다. 다른 종목보다 옷을 여러 벌 구매하게 될 수 있는데, 그 비용은 고려하지 않았습니다.

	장소접근성	비용접근성	이용 형태	비고
에어로빅/줌바	5	5	그룹	그룹당 인원 많음
발레	5	2	그룹>개인	
방송댄스	5	5	그룹	
재즈댄스	4	5	그룹	
폴댄스	3	3	그룹>개인	
밸리댄스	3	3	그룹	
리듬체조	1	1~3	그룹>개인	
바레(barre)	1	3	그룹	
스포츠댄스/ 라틴댄스	3	3	파트너 필수	제대로 즐기려면 동호회 가입 추천

7. 수상 및 동계 스포츠

계절과 장소의 제약을 많이 받으며, 장비 의존도가 높습니다.

	장소접근성	비용접근성	이용 형태	비고
수영	5	5	개인/그룹	
아쿠아로빅	5	5	그룹	수강 신청 경쟁 치열
프리다이빙	1	1	개인/그룹	
스쿠버다이빙	1	1	파트너 필수 /그룹	

서핑	1	3	개인/그룹	
조정/수상스키	1	1	개인/그룹	
스키/스노보드	1	1	개인	
스케이트	1	2	개인	

8. 기타 특수 종목

	장소접근성	비용접근성	이용 형태	비고
양궁/사격	1 (체험장 포함시 2)	2	개인	
승마	1	1	개인+말	
아이스하키	1	1	그룹	

무엇을 가장 해보고 싶으신가요?

참고문헌

리단, 『정신병의 나라에서 왔습니다』, 반비, 2021.
문요한, 『이제 몸을 챙깁니다』, 해냄, 2019.
베셀 반 데어 콜크(제효영 옮김), 『몸은 기억한다』, 을유문화사, 2020.
벤저민 하디(최은아 옮김), 『퓨처 셀프』, 상상스퀘어, 2024.
안토니오 다마지오(임지원·고현석 옮김), 『느낌의 진화』, 아르테, 2019.
유발 하라리(조현욱 옮김), 『사피엔스』, 김영사, 2023.
이슬기, 『100년 체력을 위한 달리기 처방전』, 현익출판, 2023.
주디스 루이스 허먼(최현정 옮김), 『트라우마』, 사람의집, 2022.
테드 창(김상훈 옮김), 『당신 인생의 이야기』, 엘리, 2016.

운동하면 좋은 걸 누가 모르냐고요

1판 1쇄 펴냄 2026년 3월 25일
1판 2쇄 펴냄 2026년 4월 10일

지은이 하주원

편집 최예원 박아름 최고은
미술 김낙훈 한나은 김혜수
전자책 이미화
마케팅 정대용 허진호 김채훈 홍수현
　　　 이지원 이지혜 이호정
홍보 이시윤 김유경
저작권 한문숙 송지영 전은서 이지민
제작 임지헌 김한수 임수아 권순택
관리 박경희 김지현 박성민

펴낸이 박상준
펴낸곳 반비

출판등록 1997. 3. 24.(제16-1444호)
(06027) 서울시 강남구 도산대로1길 62
강남출판문화센터
대표전화 515-2000 팩시밀리 515-2007
편집부 517-4263 팩시밀리 514-2329
글 ⓒ 하주원, 2026. Printed in Korea.

ISBN 979-11-24336-83-0 (03180)

반비는 민음사출판그룹의 인문·교양
브랜드입니다.

만든 사람들
책임편집 박아름
디자인 한나은
조판 순순아빠